Dietrich Heyde · **Wenn das Wort zu Feuer wird**

www.glaubenssachen.de

Dietrich Heyde

Wenn das Wort zu Feuer wird

Über wahre und falsche Propheten

Zur Aktualität biblischer Prophetie
Vier Essays

Lutherische Verlagsgesellschaft Kiel

Geleitwort

Hier gelingt ein erhellender Blick in die biblische Prophetie. Ihre Zeit war mit ihren Konflikten unseren heutigen Auseinandersetzungen um wegweisende Entscheidungen sehr ähnlich. Worin bestand die Kraft der Propheten, woher nahmen sie ihre Legitimation, was war die Aufgabe eines Propheten und wo ist diese Gabe und Aufgabe eigentlich geblieben?

In den vier Essays geht Propst i. R. Heyde diesen Fragen auf profunde Weise nach. Die Prophetie wird dabei in der Tradition der Weisheit vergegenwärtigt. Weil Gottes Anspruch und Zuspruch als gegenwärtiger Zuspruch und Anspruch an uns veranschaulicht wird, gilt uns heute, was damals gesagt wurde. So wird aus biblischer Prophetie eine Kraftquelle und ein Pfadfinder für die Suche nach einem Weg in die Zukunft.

Mögen diese Essays zur Neugier auf die biblische Prophetie beitragen und zum Nachdenken über das, was Gott mit uns auch heute und morgen vorhat.

Gothart Magaard
Bischof im Sprengel Schleswig und Holstein

„Umso fester haben wir das prophetische Wort,
und ihr tut gut daran, dass ihr darauf achtet
als auf ein Licht,
das da scheint an einem dunklen Ort –
bis der Tag anbricht und der Morgenstern aufgeht
in euren Herzen."
(2. Petrus 1,19)

Sie tauchen auf wie aus dem Nichts – an einem Ort und zu einer bestimmten Stunde. Sie sprechen Worte so schonungslos und provokativ, dass ihre Kritiker behaupten, das Land könne ihre Worte nicht ertragen. Ihr Dasein trägt die Signatur des Leidens. Dann sind sie wieder im Dunkel der Geschichte verschwunden. Aber in dem kurzen geschichtlichen Augenblick, den sie da waren, haben sie sich nicht nur ihrer Zeit, sondern allen zukünftigen Generationen ins Gewissen geschrieben und der Zukunft ihr unverwechselbares Siegel von Recht und Gerechtigkeit aufgedrückt, unauslöschlich und für alle Zeiten:

die biblischen Propheten,

ein Elia zum Beispiel oder ein Amos, ein Hosea oder Jesaja, ein Jeremia, Ezechiel oder Jona, um nur einige zu nennen. Israels Propheten, deren letzter Johannes der Täufer ist, sind etwas Besonderes, Einmaliges. Was sie kennzeichnet und welche Bedeutung sie für uns heute haben, wird in vier Essays verdeutlicht.

Wilder Nomade und feuriger Gottesbote

Der Prophet Elia

Wie ein Sturmwind fährt er durchs Land, immer in Bewegung, immer auf Wanderschaft. Er besitzt keine Bleibe, keine Frau und Kinder. Er ist einsam und selbst seinem Volk ein Fremder: Elia, eigentlich Elijahu, das heißt mein Gott ist „Jahu“, der Herr. Er stammt aus Gilead in der ostjordanischen Steppe, aus der Stadt Tischbóu. (1.Könige 17,1) Darum hat er den Beinamen *Elia, der Tisbite.*

Aus einer beiläufigen Bemerkung erfahren wir, dass er *langes Haar hatte, ein härenes Gewand trug und einen Ledergürtel um die Lenden.* (2.Könige 1,8) Wer die Steppe und Wüste sein Zuhause nennen kann, ja, wem die Kargheit der Wüste zum Zufluchtsort und zur Quelle der Kraft wird, der muss ungewöhnlich zäh, kräftig und widerstandsfähig sein. Und so ist das biblische Portrait von Elia – zäh, kühn und grausam, reizbar, ein wilder

Nomade, unbeugsam, ein Zerstörer falscher Götter und Verehrer des Einen Gottes. Er wird geachtet und als feuriger Gottesbote gefürchtet; und er wird auch gehasst. Nie aber wissen Menschen um sein Leben – insbesondere um sein Innenleben – wirklich Bescheid. Bis auf einen Menschen: Elisa, sein Nachfolger, sein Vertrauter, sein treuer Schüler.

Der Mantel der Berufung

Eindrücklich ist die Szene (1.Könige 19,19ff), in der Elia ihn in seine Nachfolge ruft: Elisa war beim Pflügen. Alles geschieht ohne Worte. Elia ging auf ihn zu und warf seinen Mantel über ihn. Es bedurfte keiner Worte. Die Handlung, die Geste sprach für sich. Elisa *verließ die Rinder und lief Elia nach.* (1.Könige 19,20) Was Elia ihm noch erlaubte, nämlich sich von seinen Eltern zu verabschieden, das wird Jesus denen, die ihm nachfolgen, nicht mehr erlauben. *Wer seine Hand an den Pflug legt und sieht zurück, taugt nicht für das Reich Gottes*, sagt Jesus zu dem, der zuvor noch hingehen will, sich von Haus und Familie zu verabschieden. (Lukas 9,61f) Elia sagt seinem Nachfolger nur: Bedenke, was ich dir getan habe. Was hat er getan? Er hat seinen Mantel Elisa umgelegt. Das bedeutet: Du gehörst zu mir – untrennbar, nein, nicht eigentlich zu Elia, sondern zu Gott, der ihn berufen, ihn beschlagnahmt hat.

Im Orient ist Kleidung nichts Äußerliches. Äußeres und Inneres entsprechen einander. Sage mir, in welchem Kleid du gehst, und ich sage dir, wer du bist. Kleidung meint das Wesen. Der Mantel hat und behält für Elia Bedeutung. Er ist das äußere Zeichen dessen, der ihn von Kopf bis Fuß und bis in die Tiefen der Seele umkleidet hat, von dem allein ihm alle Kraft zukommt, der ihn Tag und Nacht erfüllt und beseelt – Gott, der lebendige Gott. *Jahwe* ist sein Name.

Als es mit Elia zu Ende geht, kommt es zu einem unvergesslichen Augenblick (2.Könige 2,6ff): Elia und Elisa stehen am Fluss, am Jordan. Da geschieht es, dass Elia seinen Mantel auszieht, ihn zusammenwickelt und ins Wasser schlägt. Das teilt sich nach beiden Seiten. Und sie gehen trockenen Fußes durch den Fluss.

Bitte, was ich dir tun soll, ehe ich von dir genommen werde, sagt Elia zu Elisa, als sie den Fluss durchschritten haben.

Ich möchte, dass meine Kräfte zweimal so groß wie die deinen werden, erklärt der junge Schüler.

Du hast Großes erbeten, Schweres, Ungeheuerliches, meint Elia. *Aber hör mir gut zu: Wenn du siehst, wie ich davongehe und weggenommen werde, ganz real und leibhaftig, dann wirst du wissen, dass dein Wunsch erfüllt wurde, aber nur dann.*

Und als sie noch miteinander gehen und reden, da plötzlich kommt ein feuriger Wagen mit feurigen Rossen. Elia wird ergriffen und im Wetter zum Himmel emporgerissen. Elisa, der alles gesehen und verstanden hat, schreit noch: *Mein Vater, mein Vater, du Wagen Israels und sein Gespann!* Und steht dann allein. Elisa zerreißt seine Kleider – ein Ausdruck tiefster Trauer. Doch bleibt er nicht verwaist zurück. Etwas hat ihm Elia hinterlassen – den Mantel, den er um Elisa geworfen hatte, als er ihn in seine Nachfolge rief. Elisa hebt den Mantel auf, kehrt um und tritt wieder an den Jordan. Und nun tut Elisa mit diesem Mantel, wie Elia zuvor getan hatte, und sagt:

Wo ist nun der Herr, der Gott Elias? und schlägt ins Wasser. Da teilt es sich nach beiden Seiten und Elisa geht hindurch. Damit wird deutlich: Der Geist Elias liegt auf Elisa.

Die Berufung Elisas wirft ein bezeichnendes Licht auf den Propheten Elia, von dem uns keine Berufungsgeschichte überliefert ist. Wir wissen wohl, *wohin* er geht – nämlich mit feurigen Wagen und Rossen gen Himmel. Doch *woher* er kommt, wissen wir nicht. Er taucht auf wie aus dem Nichts, ist da – und wirkt. Und wo er wirkt, wird er zum Mittelpunkt des Geschehens. Man kommt an ihm nicht vorbei – weder im Guten noch im Bösen. Doch wie sein Wohin, seine Auffahrt in den Himmel, letztlich Geheimnis bleibt, so seine Herkunft; sie bleibt im Dunkeln. Vielleicht liegt eben darin das Geheimnis seiner Wirkungsgeschichte.

Das geheimnisvolle Wirken des Entrückten

Von den Großen der hebräischen Bibel hat keiner in der Alten Synagoge eine solche Popularität erlangt wie der Prophet Elia. Selbst Abraham, der Vater Israels, und Mose, der Lehrer aller Lehrer, konnten sich in diesem Punkt nicht mit ihm messen. Der Grund dafür lag nicht in dem geschichtlichen Wirken des Propheten. Davon ist in dem älteren rabbinischen Schrifttum verhältnismäßig wenig die Rede. Der Grund seiner Popularität liegt in dem Wirken des Propheten, das mit seiner *Entrückung von der Erde* begann.

Das geheimnisvolle Scheiden des Propheten Elia aus seinem irdischen Wirkungskreis regte natürlich die Frage an, wohin er gegangen sei und wo er jetzt weile. So verschieden die Antworten waren – darin stimmten sie überein: Sein Weggang bedeutet keinen Abbruch seiner Beziehung zur Erde und zum Volk Israel. Vielmehr erscheint und wirkt Elia auch nach seiner Entrückung noch auf der Erde, wann er will und wie er will. Es heißt, Elia gleiche den Vögeln unter dem Himmel; denn wie ein Vogel fliege er in der

Welt herum. Besonders fruchtbar erwies sich diese Vorstellung im ersten Jahrhundert nach der Zerstörung des Tempels durch den Römer Titus. Zahlreiche Legenden wurden in Umlauf gesetzt, in denen man in den Schulen und in den Synagogen nicht nur von dem jenseitigen Eintreten Elias für Israel erzählte, sondern auch, wie er als Mann der Tat hier auf der Erde eingreift, um dem Recht zum Sieg über alles Unrecht zu verhelfen; und wie er tröstend, helfend, warnend sein Volk begleitet durch alle Tiefen der Geschichte hindurch.

Den ältesten Beleg für das Wirken Elias in der diesseitigen Welt als Nothelfer finden wir in der Passionsgeschichte Jesu. Sein Schrei am Kreuz *Eli, Eli, lama asabtani? Mein Gott, mein Gott, warum hast du mich verlassen?* – wird von denen, die dabeistehen, als *Ruf nach Elia* verstanden. *Lass sehen, ob Elia komme und ihm helfe!* (Matthäus 27,49) Wohl war dieses Wort als Spott gemeint. Aber es konnte nur ausgesprochen werden, weil der Glaube im Volk verbreitet war, dass Elia einem Frommen in seiner Not zu Hilfe komme. Nach dieser Überzeugung heilt der entrückte Elia Kranke, macht Arme reich und stiftet Frieden zwischen Eheleuten; er hat Rechtsfragen zu lösen, studiert mit den Studierenden und lehrt die Unwissenden; er gewährt Einblicke in die Zukunft und in die himmlische Welt;

ja, er lüftet bisweilen den Schleier, der Gottes Geheimnisse bedeckt:

Einmal, so wird erzählt, stand ein Rabbi mit Elia auf dem Berg Karmel und sprach: „Zeige mir *die Karfunkelsteine (Jesaja 54,12)*, wie sie aussehen?" Gemeint sind die kostbaren Steine, von denen der Prophet Jesaja sagt, dass mit ihnen die Mauern Jerusalems nach dem Ende des babylonischen Exils wieder aufgebaut werden. Elia zeigte sie ihm durch ein Wunder:

Es geschah, dass ein Schiff in See stach, auf dem auch ein hebräischer Knabe war. Als das Schiff in einen Sturm geriet, der so heftig war, dass es zu sinken drohte, erschien dem Knaben der Prophet Elia und sprach: „Wenn du meine Sendung ausführst, errette ich dieses Schiff um deinetwillen."

Der Knabe sprach: „Ja, ich will's."

„So geh hin", sprach Elia zu ihm, „und zeige diese Karfunkelsteine, die der Sturm aus der Tiefe des Meeres an die Oberfläche gebracht hat, dem Rabbi, der in der Stadt Lydda ist."

Der Knabe tat es und zeigte dem Rabbi die Karfunkelsteine und alsbald, heißt es, strahlte ganz Lydda von ihrem Licht.

Vom Seher zum Propheten

Prophetie ist kein Phänomen, das es nur im alten Israel gab. Propheten gab es im gesamten Orient. Sie wirkten in Mesopotamien und Syrien schon im 2. Jahrtausend, bevor Israel sichtbar in die Geschichte eintrat. Erst seit 1000 v. Chr. begegnen uns Propheten in den Quellen der hebräischen Bibel. Gleichwohl ist es etwas Besonderes mit der Prophetie Israels: In ihr verbinden sich zwei orientalische Formen der Prophetie und verschmelzen zu einer Einheit. Die Belegstelle dafür ist: *Vor Zeiten sagte man in Israel, wenn man ging, Gott zu befragen: Kommt, lasst uns zu dem Seher (hebräisch roä) gehen! Denn die man jetzt Propheten nennt (hebräisch nebiim), die nannte man vorzeiten Seher.* (1. Samuel 9,9)

Hier wird die Kombination von zwei Begriffen vorgenommen, von zwei ursprünglich verschiedenen prophetischen Ausprägungen. Das Amt des *Sehers* war im nomadischen Lebensbereich der Wüste angesiedelt. Seher waren inspirierte Personen, die Träume und Visionen hatten und ganz wirkungsmächtig Segen und Fluch verkündigten. Es waren große Einzelgestalten in der Wüste. Gottesmänner – oft ohne Bindung an einen bestimmten Ort oder an ein bestimmtes Heiligtum. Ein biblisches Beispiel dafür ist der *Seher Bileam*, der vom Moabiterkönig Balak angeworben wird, das Volk Israel zu verfluchen, aber es segnen muss. (4.Mose 22-24)

Der Seher nun, der noch ein Stück Wüstentradition mitbringt, wird dann *nabi*, *Prophet* genannt. „Nabi" bedeutet Rufer, Künder. Er ist ein von Gott Gerufener, ein Begeisterter, Verzückter. Das Amt des Propheten ist im Kulturland angesiedelt, in der sesshaften Bevölkerung Kanaans. Es ist an bestimmte Orte gebunden, seien es Heiligtümer oder ein Königshof. Der *Prophet* zeichnet sich durch Ekstase, durch Erregungszustände und nicht zuletzt durch wunderbare, auch magische Praktiken aus. Ein *nabi* bleibt selten allein. Er neigt zur Gruppenbildung, wie die folgende Geschichte verdeutlicht:

> Als Saul auf der Suche nach den Eselinnen seines Vaters ist, widerfährt ihm Wunderbares: Er wird von Samuel, dem Propheten und Gottesmann, zum ersten König von Israel gesalbt und trifft auf eine *Prophetenschar*, die von der Höhe herabkommt mit Harfe und Pauke, mit Flöte und Zither. Dort geschieht es, dass der Geist Gottes über Saul kommt. Saul gerät in Verzückung, wird umgewandelt und ein neuer Mensch. (1. Samuel 10,5f) – Hier taucht im Hebräischen eine Wortverbindung auf, aus der hervorgeht, dass ein *nabi* ein „Verzückter" ist.

Im Wirken Elias sind die unterschiedlichen Prophetenformen erkennbar. Er ist insofern noch kein *nabi*, als er an kein Heiligtum gebunden ist. Auch führt er keine Prophetenschar an. Dem ist sein Nachfolger Elisa näher. Elia ist vom nomadischen Sehertum beeinflusst. Er ist der Unstete, der Wanderer und ein Mann der Wüste.

Die Bindung an Gott

Neben der Symbiose der beiden Prophetieformen, Seher und Prophet (*roä* und *nabi*), kennzeichnet noch etwas Israels Prophetie und besonders auch das Wirken Elias. Es ist die Bindung an den *Einen Gott*, den Gott Abrahams, Isaaks und Jakobs. Hier handelt es sich nicht um einen Gottesbegriff, den man nach Belieben annehmen oder ablehnen könnte, sondern um den *lebendigen, geschichtsmächtigen* Gott, der gibt und der nimmt, der, wie es bei Jesaja heißt, *das Licht macht und schafft die Finsternis, der Frieden gibt und Unheil schafft.* (Jesaja 45,7) Der Prophet Elia konfrontiert uns mit einem Gott, der sich nicht menschenkennerisch anpasst, sondern Recht und Gerechtigkeit will und sich an die Seite der Niedergeschlagenen und Ausgebeuteten stellt, an die Seite der Fremden, Witwen und Waisen, der Armen und Entrechteten. Es ist ein Gott, der ganz ungeteilt das Herz des Menschen will, der die Sünde richtet und den praktischen Götzendienst des Einzelnen oder eines Volkes beim Namen nennt. Und so bleibt diesem feurigen Gottesboten keine Wahl. Er muss gegen den kanaanäischen Baalsglauben kämpfen und für den Glauben an den einen Gott.

Der Prophet Elia stellt mit einer ungeheuerlichen Vehemenz und Konzentration die *Gottesfrage.* Das war sein Grundanliegen, sein Auftrag, seine Botschaft: Der Frage nach Gott in neuer Tiefe begegnen. Warum nach *Gott* und in dieser Radikalität? Warum nicht nach dem Menschen? Weil dort, wo Gott nicht mehr Gott ist, also das erste Gebot *(Ich bin der Herr, dein Gott, du sollst keine Götter haben neben mir)* auf dem Spiel steht, Recht und Gerechtigkeit unter Menschen und Völkern gefährdet sind. Weil dort, wo die Frage nach Gott verstummt, die soziale Frage verkümmert und die Menschlichkeit des Menschen auf der Strecke bleibt.

Die politische und religiöse Großwetterlage

Verdeutlichen wir uns, bevor wir auf die Gottesfrage im Wirken Elias zurückkommen, die politischen Zeitumstände, in denen der Prophet gelebt hat. Elia wirkte im 9. Jahrhundert v. Chr. im Nordreich Israel zur Zeit des Königs Ahab (870–851). Ahab war ein Sohn von Omri, der in Samaria eine neue Dynastie begründete. Zwischen dem Nordreich *Israel* und dem Südreich *Juda* herrschte friedliche Koexistenz. Joschafat in Juda und Omri und Ahab in Israel hatten eingesehen, dass die militärischen Auseinandersetzungen zwischen den Schwesterstaaten ein Ende haben müssen und ein Bündnis für beide von Vorteil ist, auch wenn Juda damit sein lang ersehntes Ziel, ein vereintes Königreich, aufgeben muss.

Ein wichtiger politisch-militärischer Schritt in der Regierungszeit von König Ahab war das Bündnis mit Aram, mit dem Syrer Ben-Hadad in Damaskus. Der Grund für diese ungewöhnliche Annäherung zwischen den Erbfeinden Israel und Aram war der Aufstieg Assyriens im 9. Jahrhundert v. Chr. zu einer aggressiven militanten Macht, die den Frieden und die Sicherheit von Damaskus und Samaria gleichermaßen bedrohte. Unter Assurnasirpal II. (884–858) wurde Assyrien durch seine alljährlichen bewaffneten Überfälle die größte Bedrohung für die Königreiche westlich des Euphrats. Von Ägypten ging zur Zeit Ahabs keine Gefahr aus. Es gehörte mit zur Koalition gegen Assyrien.

Zu Omris Politik des Ausgleichs zwischen Kanaanäern und Israeliten gehörte es, kanaanäische Kulte im Lande zu dulden. Ja, er förderte sie geradezu und ließ in Samaria Heiligtümer errichten, die kanaanäischen Gottheiten geweiht waren. Andrerseits baute er in Samaria auch ein Jahwe-Heiligtum. Darin ließ er ein Stierbild aufstellen. Wir haben ein schriftliches Zeugnis darüber beim Propheten Hosea: *Dein Kalb, Samaria, verwerfe ich. Mein Zorn ist gegen sie entbrannt. Wie lange soll das noch andauern? Sie können doch nicht ungestraft bleiben, die Söhne Israel. Ein Goldschmied hat das*

Kalb gemacht, und es kann doch kein Gott sein; darum soll das Kalb Samarias verpulvert werden. (Hosea 8,5-6)

Der Verfasser der Königsbücher übt wegen des aufgestellten Stierbildes scharfe Kritik an Omri. Der jedoch suchte zu den phönizischen Küstenstädten gute Beziehungen und hielt es mit einer klugen Heiratspolitik. Er verheiratete seinen Sohn und Thronnachfolger Ahab mit Isebel, einer phönizischen Prinzessin. König Ahab setzte in jeder Beziehung die Politik seines Vaters fort. Wie einst Salomo seinen ausländischen Frauen Heiligtümer für ihre Fremdkulte auf dem Ölberg errichten ließ, so ließ Ahab seiner phönizischen Gemahlin Isebel in Samaria ein Heiligtum errichten, und zwar für den tyrischen Gott *Melkart*, der in der hebräischen Bibel als *Baal* bezeichnet wird. Wie sein Vater tolerierte Ahab um der kanaanäischen Bewohner willen auch die kanaanäischen Kulte und nahm selbst daran teil.

Geschichtsschreibung und Tagespresse würden Ahab zweifellos gute Noten ausstellen. Sie würden von einer „Politik des Ausgleichs" sprechen und von „kulturellem Frieden" mit der kanaanäischen Bevölkerung. Elia aber und die Kreise um ihn, zu denen ein Mann wie der Hofmeister Obadja gehörte, der die Propheten Jahwes in Höhlen vor Isebel versteckt hielt (1.Könige 18,13), sahen durch Ahabs religiösen Synkretismus den Jahwekult, den Gottesdienst in Israel akut bedroht. Für sie war es reiner *Götzendienst!* Es gab kein Beet und keine Ackerfurche, auf der Ahab nicht ein Götzenbild aufgestellt hätte, das man anbeten musste, heißt es später pointiert bei den Rabbinen.

So musste es in Israel notwendig zu einer religiösen und sozialen Gärung und Klärung kommen. Wohlgemerkt zu beidem! Denn in prophetischer Sicht sind religiöse Gottesfrage (Vertikale) und soziale Lage (Horizontale) eng miteinander verbunden. Folgerichtig wird mit dem *Gottesurteil auf dem Karmel* (1.Könige 18,17-40) zunächst die religiös-theologische Erhebung des Propheten geschildert; und danach mit der Geschichte von *Nabots Weinberg* (1.Könige 21) sein sozialer Protest thematisiert.

Das Gottesurteil auf dem Karmel

Ursprünglich hatte der Jahwekult den Baal verdrängt. Dann aber kam es zu einer Neubelebung des bodenständigen kanaanäischen Kultus. Dies aber war eine Erfahrung, die Israel oft hatte machen müssen: Wo es zu einem friedlichen Nebeneinander der beiden Altäre kam, da musste der Altar Jahwes veröden. Mit der Kultversammlung auf dem Karmel war es Elia gelungen, die große Frage, wer denn nun Gott in Israel sein solle, zu einer Staatsaktion zu machen. Denn von weither kamen die Menschen zusammen. Elia forderte den König

Ahab heraus. Viel Mut gehörte dazu, vor allem Volk seinem höchsten Repräsentanten zu sagen: *Du verehrst Götzen, ich diene Gott. Lass uns sehen, wer lebendig ist und wer nicht.*

Woher kam Elia dieser Mut?

Der Prophet würde wohl im Sinne des Gesamtzeugnisses der Schrift die Antwort gegeben haben: Es ist die *Gottesfurcht.* Sie ist nicht nur aller Weisheit Anfang. Sie gibt auch den Grund an, warum wir uns vor Menschen, Mächten und Gewalten nicht fürchten müssen.

Man muss sich die Szene einmal vor Augen führen: Das ganze Volk war geladen und versammelte sich auf dem Karmel. Dazu die falschen Propheten, die vierhundert Diener Baals und die vierhundertfünfzig persönlichen Propheten, die vom Tisch der Isebel aßen. Ihnen gegenüber stand nur ein einziger Mann, der Prophet Elia, der nichts Eigenes in seinem Gepäck hatte, nichts als das Wort und den Auftrag Gottes, und der vor allem Volk erklärte: *Wie lange hinkt ihr auf beiden Seiten? Ihr könnt nicht beiden dienen – Gott und Baal.* (1.Könige 18,21)

Wie würden wir diese Alternative ins Heute übersetzen? Vielleicht so:

Du kannst nicht Christ *und* zugleich ausländerfeindlich, judenfeindlich, muslimfeindlich sein. Du kannst nicht an Gott glauben wollen *und* zugleich Horoskope, Karten, Sterne oder Wahrsager befragen. Du kannst nicht Gott *und* dem Mammon dienen.

Es muss für Elias Zeitgenossen höchst überraschend gewesen sein, dass der Prophet hier ein Entweder-Oder sah. Keiner hat damals so wie Elia die Unvereinbarkeit des Baal-Kultes mit den alten Jahwe-Traditionen Israels gesehen. Wir dürfen nicht voraussetzen, dass diese Alternative für die Menschen damals geläufig war. Der biblische Erzähler berichtet, dass das Volk auf diese ultimative Frage Elias geschwiegen habe: *und das Volk antwortete nichts.* (1.Könige 18,21) Und daraus sprach eher ein Unverständnis für die Fragestellung als ein Schuldgefühl. Elia musste also das Volk erst mit Riesenkräften in eine Entscheidung hineindrängen, deren Notwendigkeit niemand sah. Der Prophet schaffte es. Es kommt zur Entscheidung: Alles ist zum Opfer bereit. Nur das Feuer fehlt. Die Priester und Propheten Baals flehen und schreien. Doch nichts rührt sich. In einer jüdischen Überlieferung, einem Midrasch heißt es:

> Nichts geschah. Nur Stille. Die Vögel sangen nicht; die Ochsen brüllten nicht, die Engel flogen nicht, das Meer lag ruhig. Kein Geschöpf tat einen Laut. Gott hieß die Schöpfung in Stille verharren, leer und reglos sein, als ob kein Lebewesen vorhanden wäre. Denn hätte jemand gesprochen, würden die Priester sagen: Baal hat uns geantwortet.

Dies ist eine andere Stille als jene, in der Gott sich Elia am Sinai offenbaren und an ihm vorübergehen wird. Dort redet Gott in der Stille und durch die Stille. Wo Gott aber das Schweigen befohlen hat, da ist Totenstille, da entzündet sich nichts, da ist kein Leben, da sind die Menschen tot, auch wenn sie noch atmen.

Elia spornt die Propheten und Priester an, lauter zu rufen. Er ironisiert und spottet: *Vielleicht ist Gott in Gedanken oder hat zu schaffen oder ist über Land oder schläft vielleicht, dass er aufwache.* (1.Könige 18,27) Wer so spricht, muss ein Selbstbewusstsein haben, das geradezu schwindelerregend ist. Nein, kein Selbstbewusstsein, ein *Gottesbewusstsein* muss er haben! Dieses freilich offenbarte sich Elia nicht erst auf dem Karmel. Es zeigte sich schon bei ihm, als er zu Ahab sprach: *So wahr der Herr, der Gott Israels, lebt, in dessen Dienst ich stehe, es soll in diesen Jahren weder Tau noch Regen fallen, es sei denn auf mein Wort.* (1.Könige 17,1)

Dann ist Elia an der Reihe. Er lässt das Brandopfer mit Wasser übergießen, einmal, noch einmal und zum dritten Mal, sodass auch der Graben voll Wasser stand. *Da fiel das Feuer des Herrn herab,* heißt es, *und fraß Brandopfer, Holz, Steine und Erde und leckte das Wasser auf im Graben.* (1.Könige 18,38) Soweit so gut. Aber dann macht es uns Elia schwer, ihn und seine Sache zu verstehen: Er tötet alle Baalspriester.

Eine Frage an unsere Gottesbilder

Im Jahre 1815 wird Johann Peter Hebel, der allemanische Dichter und Prälat der Badischen Landeskirche, gebeten, ein Gutachten zu verfassen. Es geht um die Bearbeitung eines neuen Buches mit biblischen Geschichten für die evangelischen Schulen Badens. Im Herbst 1818 macht sich Hebel an die Arbeit und erzählt biblische Geschichten nach, u.a. auch die Geschichte vom *Gottesurteil auf dem Karmel*, die er 1823 beendet. Man liest die eingestreuten Sentenzen, die oft die Quintessenz aus dem Erzählten ziehen, mit viel Gewinn. Die Tötung der Baalspriester durch den Propheten umschreibt Hebel mit diesen Worten:

> „Aber man weiß nicht, ob man alles loben soll, was Elias tat. Die Propheten sind auch Menschen. Als Gott auf dem Berge Karmel das Zeichen der Erhörung gab, rief das ganze Volk, er sei der wahre Gott. Diesen Augenblick benutzte Elia und ließ alle Propheten des Abgottes ergreifen und töten. Zwar brachten es die Zeiten so mit sich. Aber der allzu große Eifer im Guten kann zu allen Zeiten selbst das Gute hindern und das Böse befördern."

Deutlich wird, wie sich Hebels aufgeklärter Humanismus dem ungeheuerlichen Tun des Propheten nähert. Er verschweigt die Tat nicht und versteht zugleich, jungen Menschen eine Lehre mitzugeben.

Doch so groß unser Unbehagen ist – die Tötung der Baalspriester war weder ein Akt der Rache noch des Fanatismus, zu dem sich prophetische Leidenschaft hatte hinreißen lassen. Elia hat vielmehr uraltes amphiktyonisches Recht praktiziert. Danach steht auf jeder Form des Abfalls von Gott die Todesstrafe. In der Tora heißt es im Abschnitt „Todeswürdige Vergehen“: *Wer den Göttern opfert und nicht dem Herrn allein, der soll dem Bann verfallen.* (2.Mose 22,19) Noch das Deuteronomium hält – 200 Jahre nach Elia – an dieser Rechtsordnung fest. Es rechnet sogar mit der Möglichkeit, dass ganze Städte von Jahwe abfallen können. Dafür wird die äußerste Strafe ausgesetzt – der Bann, also die völlige Ausrottung alles Lebenden. (5.Mose 13,13ff)

Könnte das prophetische Geschehen am Karmel eine Frage an unsere Gottesbilder sein? Im Text des Oratoriums „Elias“ von Felix Mendelssohn Bartholdy heißt es im Munde des Elia: *Ist nicht mein Wort wie Feuer und wie ein Hammer, der Felsen zerschlägt?* (Jeremia 23,29) Was ist von dieser Wucht des prophetischen Wortes in unseren Gottesbildern (noch) vorhanden? Wie dem auch sei – alle Versuche, Gottes Handeln auf dem Karmel, ja, sein Tun in der Geschichte schlechthin zu verstehen, werden früher oder später zu der Einsicht führen, die Augustinus einmal auf diese Worte gebracht hat: „Wenn du Gott verstehen würdest, wäre es nicht Gott.“

Flucht in die Wüste

Mit der prophetischen Tat auf dem Karmel zog sich Elia den Zorn der Königin zu, die ihm Rache schwor und sagen ließ: *Die Götter sollen mir dies und das tun, wenn ich nicht morgen um diese Zeit dir tue, wie du den Baalspriestern getan hast.* (1.Könige 19,2) Nach der Hochstimmung stellte sich bei Elia eine tiefe Depression ein. Angst überfiel den Mann, der zuvor so furchtlos für den wahren Gottesdienst in Israel gestritten hatte. Bemerkenswerterweise stellen sich seelische Unwetter besonders intensiv nach großen Erfolgen ein. In seiner Angst ergriff Elia die Flucht; ja, er lief um sein Leben, heißt es.

Und wohin ist er gelaufen? Der Nomade und Gottesbote suchte Zuflucht in der Wüste. Eine Tagesreise weit ist er gelaufen. Dann hat er sich erschöpft unter einen Ginsterbusch gesetzt. Mut- und kraftlos wünschte er zu sterben: *Es ist genug, so nimm nun, Herr, meine Seele*, sprach er. (1.Könige 19,4) Elia war ausgebrannt, fix und fertig, am Ende. Aber da in der Wüste geschah es, dass seine ausgedörrte Seele neue Kraft gewann. Es wird erzählt, dass ein Engel den Propheten anrührte und sprach: *Steh auf und iss!*

Elia aß das vom Himmel bereitgestellte Brot und trank aus dem Krug mit Wasser. Danach legte er sich wieder schlafen. Der Engel kam zum zweiten Mal und sprach: *Steh auf und iss! Denn du hast einen weiten Weg vor dir.*

Das erste Mal war es Brot für den Leib. Das zweite Mal Brot für die Seele. An Elia wird deutlich: Wer sich mit dem Brot für den Leib begnügt, wird nicht weit kommen. Sein Weg vollendet sich nicht. Doch was sind Brot und Wasser für die Seele? Und wo sind dieses Brot und dieses Wasser zu finden? An welchem Ort?

Elia sollte es erfahren. Es heißt, dass der Mann Gottes aufstand, aß und trank und durch die Kraft der Speise für Leib und Seele vierzig Tage und vierzig Nächte ging – bis zum Berg Gottes, dem *Horeb.* Die Zeit, die der Prophet nun zu gehen hatte, war nicht mehr nur Kalender- oder Weltzeit, sondern *Gotteszeit.* Darauf verweist die Zahl vierzig. Alles deutet darauf hin, dass Elia am Berg Gottes etwas widerfahren wird, was ihm nicht nur Kraft und Lebensmut einhaucht, sondern auch eine Perspektive gibt, eine neue Lebensaufgabe und Bestimmung: Es ist die Begegnung und das Gespräch mit dem lebendigen Gott.

Die Stimme leisen Schweigens

Hier ist von Bedeutung, wie ihm Gott widerfährt und seiner Seele begegnet:

> *Und siehe, das Wort des Herrn kam zu Elia: Was machst du hier, Elia? Er sprach: Ich habe geeifert für*

den Herrn, den Gott Zebaoth; denn Israel hat deinen Bund verlassen und deine Altäre zerbrochen und deine Propheten mit dem Schwert getötet, und ich bin allein übrig geblieben, und sie trachten danach, dass sie mir mein Leben nehmen.
Der Herr sprach: Gehe heraus und tritt auf den Berg vor den Herrn! Und siehe, der Herr wird vorübergehen. Und ein großer, starker Wind, der die Berge zerriss und die Felsen zerbrach, kam vor dem Herrn her; der Herr aber war nicht im Wind. Nach dem Wind aber kam ein Erdbeben; aber der Herr war nicht im Erdbeben. Und nach dem Erdbeben kam ein Feuer; aber der Herr war nicht im Feuer. Und nach dem Feuer kam ein stilles, sanftes Sausen. Als Elia das hörte, verhüllte er sein Antlitz mit seinem Mantel und ging hinaus. Der Herr sprach zu ihm: Geh wieder deines Weges durch die Wüste nach Damaskus und geh hinein und salbe Hasael zum König über Aram. (1.Könige 19,9-15)

Gott widerfährt dem Menschen – nicht in einem gewaltigen, brausenden Naturereignis. Nicht im Sturm, nicht im Erdbeben und nicht im Feuer. Sondern *im stillen, sanften Sausen,* übersetzt Luther. Rabbiner Leo Baeck spricht von der „Stimme leisen Schweigens". Dieses Widerfahrnis in der Felswüste des Sinai war keine Lektion für Elia, dass er nach dem gewalttätigen Getöse auf dem Berg Karmel nunmehr zu einer vergeistigten Gottesauffassung gekommen sei, wie oft gesagt wird. Die Gotteserfahrung aber wurde für ihn zu einer Quelle der Kraft, in der er erfuhr: Gott selbst ist der Ort, wo die menschliche Seele Brot und Wasser empfängt. Auf dem Gottesberg im Zentralmassiv des Sinai erinnert die sog. „Eliasmulde" heute noch an diese besondere Stunde des Propheten.

Es gibt ein Echo dieser „Stimme leisen Schweigens" im Menschen. Wer allein ein Wadi durchläuft und auf die Stille hört, die aufsteigt aus Sand, Schluchten und Felsen, kann es wahrnehmen. Es hat etwas vom Strömen des Blutes in den Adern, das wir spüren, wenn der Lärm um uns und in uns ganz verstummt ist. In diesem Schweigen tun sich neue Horizonte auf. Unsere Zeit nimmt zu im Schweigen. Das Vergangene ist für uns nicht mehr nur vergangen und das Zukünftige nicht mehr nur zukünftig. Ein geheimnisvolles Band verbindet uns mit denen, die waren, und mit denen, die noch kommen werden.

Eine Bereitschaft für die „Stimme leisen Schweigens" ist, so heißt es in der hebräischen Bibel, immer auch eine Bereitschaft zur Wüste. Sie ist die einfachste und umfassendste Beschreibung des Ortes, an den Gott den Menschen bringen will, um neu mit ihm anzufangen, wie das Beispiel des Propheten Elia zeigt. Zuweilen lockt Gott geradezu in die Wüste, die Seele beschwatzend wie ein Verliebter: *Ich will sie locken und in eine Wüste führen.* (Hosea 2,16) Mit anderen Worten: Gott will uns dahin locken, wo Er ist, Er allein und nichts außer ihm: *Ich habe dich in der Wüste erkannt, auf der Erde des Dürren.* (Hosea 13,5)

Nabots Weinberg

Gefährlicher als Ahab war für den Propheten Elia die Königin Isebel. Die Konfrontation auf dem Karmel war hinter ihrem Rücken geplant und durchgeführt worden. In dieser königlichen Familie hatte ganz offensichtlich die Frau das Heft in der Hand. Isebel beherrschte Ahab und daher auch das Volk. Sie traf die wichtigsten und die blutigsten Entscheidungen. Sie war es, die zuvor das Massaker an den wahren Propheten des jüdischen Volkes befohlen hatte. Sie war es, die die Altäre für Baal baute. Sie liebte Prunk und Macht. Ahab war ihr so verfallen, dass er ihr die Regierungsgeschäfte überließ. Das wird deutlich an der Geschichte von *Nabots Weinberg* (1.Könige 21):

> Nabot, ein Jesreeliter, hatte einen Weinberg. Der grenzte an den Garten des Königs. Eines Tages sprach Ahab zu Nabot: *Gib mir deinen Weinberg. Ich will mir einen Gemüsegarten daraus machen, weil er*

so nah an meinem Hause liegt. Der König wollte ihn nicht umsonst haben. Er bot Nabot Geld an. Aber der wollte seinen Weinberg nicht hergeben und lehnte ab. Daraufhin schlug der König ein Tauschgeschäft vor. Er bot Nabot einen anderen Garten an. Nein, danke, nichts für mich, sagte Nabot. Haus und Garten sind *das Erbe meiner Väter.* Ahab kam tief enttäuscht, gekränkt und todunglücklich in den Palast zurück und ging, ohne zu baden und zu essen, ins Bett.

Jetzt kommt Isebel: Was ist passiert? fragte sie. Warum hast du so schlechte Laune? Wer hat dir etwas getan? Warum isst du nicht? Badest nicht? Ahab erklärt ihr, was geschehen ist. Isebel: Ist das alles? Wenn weiter nichts ist – komm, mein Lieber, nimm dir das nicht so zu Herzen. Überlass das nur deiner lieben Frau – die macht das schon!

Und in der Tat, sie machte und schaffte es; veranstaltete ein fingiertes Verhör und bediente sich falscher Zeugen, die Nabot vorwarfen*: Du hast Gott und dem König gelästert.* Die Intrige hat Erfolg. Nabot wird zum Angeklagten, sodann verurteilt und gesteinigt. Und das alles, weil Isebels Ehemann einen größeren Garten wollte. Ein Justizmord! Das Bild ist klar: Sogar in einer solchen (relativ unwichtigen) Angelegenheit löste Isebel Ahabs Problem.

Aus königlicher Sicht scheint alles nunmehr in bester Ordnung. Aber da ist noch Elia. Und Elia ist ein Mann Gottes. Zu Gott schreit Nabots Blut. Und die himmelschreiende Ungerechtigkeit verhallt nicht ungehört. Das Wort des Herrn kam zu Elia, den Tischbiter: *Mach dich auf, geh zu Ahab!* Elia geht und sagt dem König, der ja auch oberster Gerichtsherr ist, was Sache ist: Du hast gemordet; dazu auch fremdes Erbe geraubt. Gericht ist angesagt. Und Gottes *Gericht* meint stets das Auf*richten* der ganzen Wahrheit. Elia steht hier ein für die bedingungslose Gültigkeit des Gottesrechts. Vor diesem Recht sind alle gleich. Auch der König ist ihm unterstellt. Die Tatsache, dass alles so gelaufen ist, wie Isebel wollte, zeigt, wie sehr das alte Gottesrecht zu Ahabs Zeit durchlöchert und in Auflösung begriffen war.

Zwei Rechtsauffassungen stehen sich hier gegenüber. Erstens die willkürlich-absolute Auffassung von Rechten und Befugnissen eines Königs, wie sie die kanaanäischen Stadtkönige innehatten. Auf der gleichen Ebene der Willkür steht Jahrhunderte später die Enthauptung des Täufers durch Herodes Antipas. (Markus 6,21-29)

Und zweitens die strenge israelitische Auffassung, nach der Recht und Besitz und vor allem das Leben des Einzelnen ohne Unterschied der Person vor Gott als geschützt gelten. Eindrückliches Beispiel dafür ist Davids Verhalten als oberster Gerichtsherr, als ihm der Prophet Natan Ehebruch und den Mord an Uria vorhält. (2.Samuel 12)

Elia steht für die israelitische Auffassung. Er widersteht der Willkür von König und Königin und fordert Gottes Recht ein. Nur wo Gott ganz ungeteilt Gott ist, kommt es zu Recht und Gerechtigkeit ohne Ansehen der Person. Von dem her, was Nabot widerfahren ist und dem prophetischen Einsatz für Recht und Gerechtigkeit, ist das prophetische Handeln auf dem Karmel zu sehen und zu verstehen. Wo man anfängt, nach zwei Seiten zu hinken, also in der Gottesfrage kein klares Entweder-oder, sondern ein Sowohl-als-auch vertritt, da ist die Gefahr groß, dass es statt zu Rechts*spruch* zum Rechts*bruch* kommt und die soziale Dimension gesellschaftlichen Lebens auf der Strecke bleibt.

Das prophetische Wirken Elias macht deutlich, dass die Frage nach Gott in den Mittelpunkt menschlichen Redens und Handelns gehört. Wo sie verstummt oder nur religiöses, frommes Beiwerk ist, verkümmert die Ethik.

Von Gott gepackt

Die Kennzeichen biblischer Prophetie

Das Wort

Ich schlage drein durch die Propheten und töte sie durch die Worte meines Mundes. Dann bricht mein Recht wie Licht hervor. (Hosea 6,5) Dies erklärt der Prophet Hosea (750–700 v. Chr.) als Willenserklärung Gottes inmitten einer Auseinandersetzung. Durch den Propheten schlägt Gott das Verkehrte nieder. Der Prophet gleichsam als Todeswaffe. Sie räumt aus dem Wege, was dem Recht die Bahn versperrt, damit Gottes Gerechtigkeit wie Licht hervorbricht. Daran wird dies deutlich: Das alleinige Kampfmittel des Propheten ist das *Wort.* Mehr oder etwas anderes steht dem Propheten nicht zur Verfügung. Nur das Wort. Es ist freilich nicht sein eigenes Wort. Es ist das Wort *Gottes.* Der Prophet ist Gottes Mund. Das kennzeichnet ihn.

Das Wort – eine kraftgeladene Energie

Das „Wort“ war dem biblischen Menschen, allen voran den Propheten, etwas fürchterlich Lebendiges. Also weit entfernt davon, lediglich Vehikel von Ideen und Gedanken zu sein. Das Wort ist von großer Dynamik und geheimnisvoller Kraft und Macht. Es bewirkt etwas. Es bildet eine kraftgeladene Energie und fliegt wie ein Geschoss seinem Ziel entgegen. Von diesem „Wort“ weiß die Bibel vielfältig Zeugnis zu geben:

> *Durch das Wort wurden Himmel und Erde gemacht* (Psalm 33,6); *das Wort läuft schnell* (Psalm 147,6); *und lässt den Schnee schmelzen* (Psalm 147,18); *das Wort macht heil und gesund* (Psalm 107,20); *es tötet und macht lebendig* (1. Samuel 2,6); *das Wort bleibt ewiglich* (Jesaja 40,8); *keines von seinen Worten lässt Gott zur Erde fallen.* (1. Samuel 3,19)

Wie sich die kraftgeladene Energie des Wortes praktisch in der Geschichte zeigt und was sie bedeutet, schildert anschaulich eine Szene aus dem Buch des Propheten Amos, die wir einem Augenzeugen verdanken. Sie spielt um das Jahr 760 v. Chr. in Bethel, dem traditionsreichen Heiligtum des Nordreichs Israel, und ist hochdramatisch. Amazja, leitender Priester in Bethel, erstattet bei seinem König Jerobeam Anzeige gegen Amos. Er sagt:

> *Der Amos macht einen Aufruhr gegen dich im Hause Israel; das Land kann seine Worte nicht ertragen. Denn so spricht Amos: Jerobeam wird durchs Schwert sterben, Israel wird aus seinem Land gefangen weggeführt werden.* (Amos 7,10-11)

„Das Land kann seine Worte nicht ertragen", teilt Amazja dem König mit, als der Prophet dem König den Tod ansagt und dem Volk die Verbannung. Der Priester hört in dem Wort des Propheten nicht Gottes Stimme. Er sieht in Amos lediglich einen Aufwiegler und in seinem Tun nichts als Aufruhr und Umsturz. So sieht es aus, wenn *Gott dreinschlägt durch die Propheten und tötet durch die Worte seines Mundes.* (Hosea 6,5) Nicht weniger gewaltig zeugt der Prophet Jeremia von der kraftgeladenen Energie dieses Wortes, wenn er sagt:

> *So spricht der Herr: Ist nicht mein Wort wie Feuer, und wie ein Hammer, der Felsen zerschmeißt?* (Jeremia 23,29)

Wort und Tat

Noch etwas ist für das prophetische Verständnis des „Wortes" wichtig: „Wort"/hebräisch *dabar* bedeutet immer zugleich auch „Tat". Das Wort tut, was es sagt. So warnt Mose zum Beispiel sein Volk, das „Wort" für „leer" zu halten. *Es ist nicht ein leeres Wort an euch,* sagt er, *sondern es ist euer Leben.* (5.Mose 32,47) Und der Prophet Jesaja weiß sehr anschaulich zu erzählen, wie wirksam es ist:

> *Gleichwie der Regen und Schnee vom Himmel fällt und nicht dahin zurückkehrt, sondern feuchtet die Erde und macht sie fruchtbar und lässt wachsen, dass sie gibt Samen, zu säen, und Brot zu essen, so soll das Wort, das aus meinem Munde geht, auch sein: Es wird nicht leer zu mir zurückkommen, sondern wird tun, was mir gefällt, und ihm wird gelingen, wozu ich es sende.* (Jesaja 55,10-11)

Weil also das „Wort" im Munde der Propheten seine Verwirklichung mit einschließt, kann man *dabar* auch mit „Tat" wiedergeben. Es ist „Tatwort".

Gottes Reden *durch* die Propheten fängt immer mit einem Reden Gottes *zum* Propheten an. Keiner kann in Gottes Namen reden, der nicht zuerst Gottes Wort gehört und empfangen hat. Die anderen nennt die Bibel falsche Propheten. Sie geben Selbsterdachtes und Erträumtes als Gottes Wort weiter. Ihr Wort erfüllt sich nicht. Ihr Wort trifft nicht ein, wird nicht zur Tat.

Das ist in seiner Konsequenz auch für die Verkündiger des Wortes von großer Bedeutung: Nur wenn sie auf Gott in seinem Wort neu gehört haben, empfangen sie geistliche Vollmacht. Zu rechten Kündern und Zeugen des Wortes werden wir allein als Hörer des Wortes. Die prophetische Linie lautet – hören, ge*horchen*, reden, bzw. tun. Darum gilt, dass wir immer nur soviel geistliche Autorität *haben*, wie uns die Schrift, Gottes Wort, Autorität *ist*.

Wenn das Wort unseres Gottes etwas so Großes, Dynamisches und Wirksames ist, dann ist die Frage – warum trauen wir diesem Wort nicht mehr zu?! Es kommt nicht leer zu Gott zurück. Darauf dürfen wir uns verlassen: Dem Wort wird gelingen, wozu es gesandt ist. Der Theologe und Dichter Jeremias Gotthelf bringt es auf den Punkt, wenn er sagt:

> Das Wort ist unendlich viel mächtiger als das Schwert, und wer es zu führen weiß in starker, weiser Hand, ist mächtiger als der mächtigste aller Könige. Wenn die Hand erstirbt, die das Schwert geführt, wird das Schwert mit der Hand begraben, und wie die Hand in Staub zerfällt, so wird vom Rost das Schwert verzehrt. Aber wenn im Tode der Mund sich schließt, aus dem das Wort gegangen, bleibt frei und lebendig das Wort. Über das Wort hat der Tod keine Macht, ins Grab kann es nicht verschlossen werden; und wie man die Knechte Gottes schlagen mag in Banden und Ketten, frei bleibt das Wort, welches aus ihrem Mund gegangen.

Die Berufung

Es war dieses schöpferisch-dynamische, höchst wirksame Wort Gottes, das tief in die äußeren und inneren Lebensverhältnisse der Propheten eingriff. Es kam über sie, ohne dass sie danach verlangt hätten. Zu ihrem eigenen Erschrecken sahen sie sich der Stimme Gottes, seinem Wort ausgesetzt. Widerstand war unmöglich. Der älteste Schriftprophet, Amos von Tekoa (Mitte des 8. Jahrhunderts v. Chr.) spricht geradezu von einem „Brüllen Gottes", dem sich der Prophet nicht entziehen kann:

Der Löwe brüllt, wer sollte sich nicht fürchten?
Gott, der Herr, redet, wer sollte nicht Prophet werden? (Amos 3,8)

Das Wort essen

Es gibt kein Verstecken, kein Weglaufen, keine Flucht in die Anonymität für denjenigen, den Gott zu seinem Boten macht. Er muss annehmen, muss es tun. *Ezechiel*, einem Propheten des babylonischen Exils, das im Jahre 587 v. Chr. mit der Zerstörung Jerusalems und des Tempels begann und siebzig Jahre währte, gebietet Gott, sein Wort zu essen, ganz wörtlich und leibhaftig:

Da tat ich meinen Mund auf, und er (Gott) gab mir die Rolle zu essen und sprach zu mir: Du Menschen-

kind, du musst diese Schriftrolle, die ich dir gebe, in dich hinein essen und deinen Leib damit füllen.
Da aß ich sie und sie war in meinem Munde so süß wie Honig.
Und er sprach zu mir: Du Menschenkind, alle meine Worte, die ich dir sage, die fasse mit dem Herzen und nimm sie zu Ohren und geh hin und rede zum Haus Israel. (Ezechiel 2-3)

Von Gott gepackt und überwältigt

Und wie war das bei *Jeremia*? (645 v. Chr. geboren, Zeitzeuge der Zerstörung Jerusalems und des Tempels durch Nebukadnezar im Jahr 587) Vom Wort des lebendigen Gottes beschlagnahmt, erklärt er:

Du hast mich gepackt und überwältigt; du bist mir zu stark gewesen und hast gewonnen. Aber ich bin darüber zum Gelächter geworden täglich, jedermann verspottet mich. Denn sooft ich rede, muss ich schreien; „Frevel und Gewalt!" muss ich rufen. Denn des Herrn Wort ist mir zu Hohn und Spott geworden täglich. Da dachte ich: Ich will nicht mehr an ihn denken und nicht mehr in seinem Namen predigen. Aber es ward in meinem Herzen wie ein brennendes Feuer, in meinen Gebeinen verschlossen, dass ich es nicht ertragen konnte; ich wäre schier vergangen. (Jeremia 20,7-9)

Der Prophet hat die Verpflichtung, die Worte, die er vernimmt, weiterzusagen. Er wiederholt, was Gott sagt, weiter nichts. Wenn Gott sagt: „Sei hart", hat er hart zu sein. Wenn Gott sagt: „Tröste", so muss er trösten. Die Berufung zum Propheten stellt einen Bruch dar im Leben des Betroffenen. Sie ist keine Steigerung oder Überhöhung der bisherigen religiösen Existenz. Der bisherige Glaubensstand, aber auch sonstige persönliche Anlagen – das alles disponiert den Berufenen vor Gott in keiner Weise zu seinem neuen Beruf. Mag er von Natur aus friedliebend und harmoniebedürftig sein, so muss er doch schelten und drohen, wenn ihm dabei auch (wie Jeremia) das Herz zerbricht und seine Leiden unermesslich sind. Und neigt er von Natur aus zur Härte, so muss er doch (wie Ezechiel) den Weg des Rettens und Tröstens beschreiten.

Das prophetische Selbstverständnis

Was also ist es mit dem Propheten? Wir wüssten gern mehr über ihn als Person, als Menschen. Wie waren die näheren Lebensumstände? Was hat er gemacht und gedacht, wenn er nicht in Gottes Auftrag unterwegs war? Wie war seine Kindheit und Jugend, also die Zeit vor seiner Berufung? Oder auch die Zeit danach, nach Beendigung seines Prophetenamts?

So groß unser Interesse an der Person und Individualität des Propheten sein mag – wir müssen feststellen, dass sich die Propheten selbst, soweit sie in ihren Büchern zu Wort kommen, darüber gänzlich ausschweigen. Und auch dort, wo über ihr Wirken berichtet wird – in den Geschichtsbüchern 1. und 2. Samuel, 1. und 2. Könige, die von Elia, Elisa, Micha ben Jimla zum Beispiel erzählen – besteht offenbar kein Interesse daran.

Gottes Eingriff ins Persönliche und Intimste

Über *Hosea* (750 – 700 v. Chr.) zum Beispiel erfahren wir nichts, weder Titel noch Beruf, weder Heimat noch Herkunft. Gar nichts. Nur dies, dass das Wort des Herrn zu ihm geschah. Und dass dieses Wort ihn selbst und alles, was zu ihm gehört, mit Beschlag belegte, auch das Persönlichste, Privateste wie seine Ehe und die Namen seiner Kinder, nichts ausgespart.

Geh hin und nimm ein Hurenweib und Hurenkinder. (Hosea 1,2)

Uns stockt der Atem. Hosea soll eine Hure zur Frau nehmen. Dieser Mann bekommt also gar nicht sofort etwas zum Weitersagen zu hören, geschweige denn zum Dreinschlagen, sondern etwas ganz Persönliches zum Gehorchen. Er bekommt von Gott eine Weisung für sein eigenes Leben. Und die soll er in die Tat umsetzen – eine Hure heiraten. Hosea muss sich einen Eingriff in den intimsten Bereich gefallen lassen. Damit nicht genug. Drei Kinder werden ihm geboren. Wie soll er sie nennen? Welche Namen ihnen geben? Aus allen eigenen Überlegungen herausgerissen, sagt Gott ihm:

Nenne ihn Jesreel! (Hosea 1,4)

Der Name seines erstgeborenen Sohnes ist ein Orts- und Landschaftsname und erinnert an ein massenhaftes Blutvergießen. Wer nennt sein Kind so? Wer würde sein Kind Dachau, Buchenwald oder Auschwitz nennen? Wer will täglich an Bluttaten erinnert werden?

Dann wird die Tochter geboren: *Nenne sie Lo-Ruchama!* sagt Gott. Das heißt übersetzt: „Sie findet kein Erbarmen." Das klingt so schockierend, als würden wir ein Kind „Friedlos" statt Friederike nennen.

Und als Hosea noch nach Jahren ein Sohn geboren wird, soll er ihn *Lo-Ammi!* nennen. Das bedeutet: „Nicht mein Volk". Wer würde sein Kind „Unhold" statt „Gotthold" nennen? Keiner würde es tun. Hosea aber muss es.

Was für eine Zumutung! Erst ein Hurenweib; und dann Kinder, deren Namen die allerschrecklichsten Erinnerungen und Assoziationen wach rufen. Es gibt offensichtlich keinen Bereich oder Winkel, und wäre es der intimste im Leben des Propheten, über den Gott nicht verfügt. So kann prophetische Existenz aussehen, wenn Gott zugepackt und jemanden zum Propheten berufen hat. Da wird kein Raum ausgespart, auch nicht das Schlafzimmer. Alles steht im Dienst der Berufung durch Gott. Ob Hosea unter diesen Zumutungen gelitten hat, erfahren wir nicht. Von Jeremia wissen wir es. Er verflucht den Tag seiner Geburt – so Angst, weh und schwer wird ihm die Last des Prophetenamts. Von Jona wissen wir es: Er flieht vor seiner Beauftragung und will sich aus den Augen Gottes davonstehlen. Natürlich vergeblich.

Aber wozu das alles? fragen wir. Wozu diese Zumutungen Gottes, die das Intimste nicht aussparen und sich tief und schmerzhaft in Leib und Seele des Menschen einritzen? Nun – Hosea wird das tief Befremdliche, ja Anstößige zugemutet, um Schuld aufzudecken. Die Schuld des Volkes und seiner Regierenden. Was aber ist das für eine Schuld? Es heißt:

Denn das Land läuft vom Herrn der Hurerei nach!

Hinter diesem Wort stehen drastische Tatsachen. In Israel sind uralte kanaanäische Kultbräuche eingebrochen. Das Land hurt, Götzendienst statt Gottesdienst. Dem Propheten ist aufgegeben, diese Schuld zeichenhaft selbst darzustellen und zur Umkehr zu rufen.

Ein Hirt, der Maulbeeren züchtet

Für einen weiteren Aspekt prophetischen Selbstverständnisses blicken wir noch einmal auf den Propheten Amos. Die Auseinandersetzung mit Amazja, dem Oberpriester von Bethel, gibt Amos Gelegenheit, die auf ihn übertragenen Bilder, er mache einen Aufruhr, sei ein Aufwiegler und plane einen Umsturz, nicht nur schärfstens zurückzuweisen, sondern auch in aller Klarheit deutlich zu machen, wer er ist und was er zu tun hat. Er sagt:

> *Ich bin kein Prophet noch Prophetenjünger, sondern ich bin ein Hirt, der Maulbeeren züchtet. Aber der Herr nahm mich von der Herde und sprach zu mir: Geh hin und weissage meinem Volk Israel!* (Amos 7,14)

Das ist Originalton Amos. Mit diesem Wort sind wir am Puls- und Herzschlag prophetischen Selbstverständnisses. „Ich bin kein Prophet noch ein Prophetenjünger." Ihn treibt weder eine eigene Leidenschaft noch die einer Gruppe. Auch muss er nicht mit dem Beruf eines Propheten sein Brot verdienen. Er hat sein gutes Auskommen als Viehzüchter und besitzt obendrein noch Feigenplantagen. Im Klartext heißt das:

Der Prophet ist Laie. Also kein Priester, kein studierter Theologe, kein berufsmäßiger Prophet. Mit anderen Worten: Dieser Mann aus Tekoa ist ganz und gar nicht von seinem Ich her zu verstehen. Weder aus seinem Beruf noch aus irgendeiner Gruppenzugehörigkeit, weder aus seinen politischen Leidenschaften noch aus seinen natürlichen Bedürfnissen. Sogar die offizielle Amtsbezeichnung eines „Propheten" weist er für sich ab. Und damit jeden Versuch, ihn von noch so entlegenen menschlichen Modellen her zu begreifen. Wenn es um ihn als Menschen geht, dann soll man nur an den handfesten und einträglichen Beruf des Viehzüchters denken und an den Züchter von Maulbeerfeigenbäumen.

Und dann lüftet Amos den Schleier seiner prophetischen Existenz. Es folgt der Satz, der Klarheit über ihn schafft. Will man diesen Mann verstehen, dann muss man auf Gott sehen, der nach ihm gegriffen hat, der ihn von der Herde weggenommen hat und ihm gesagt hat: „Geh hin und weissage meinem Volk Israel!" Für diesen Laien, diesen Viehzüchter und Plantagenbesitzer, geht alles von Gott aus, alle Bewegung und Veränderung, alles Aufbrechen und Zurücklassen. Gott nimmt ihn von der Herde weg, holt ihn heraus aus allen alten Bindungen und sagt ihm, wohin er gehen soll und was er zu tun hat.

Von den Propheten lernen, heißt – viel über die Verbindlichkeit des Glaubens in Erfahrung bringen, über das „Aufbrechen“ und, damit verbunden, das entschlossene Zurücklassen und Loslassen des Bisherigen. Es heißt – den Ruf in den Glauben (die Emuna) und die mit diesem Glauben verbundene Entscheidung wieder in den Mittelpunkt rücken.

Der prophetische Auftrag

Es ist nur ein kleiner Schritt vom prophetischen Selbstverständnis hin zum prophetischen Auftrag, der in besonderer Weise an *Ezechiel* deutlich wird:

Er wird nämlich zum *Wächter* für das Haus Israel bestellt. Ihm oblag es also nicht nur, das empfangene Wort Gottes weiterzusagen. Er sollte auch nach Empfang einer Unheilsbotschaft wie ein Späher auf der Stadtmauer, wenn Gefahr droht, die Bewohner warnen. Damit wird der Prophet selbst zum Hoffnungszeichen dafür, dass auch nach Ankündigung des Unheils bis zu seinem Eintreffen noch Umkehr möglich ist.

Was das dann praktisch bedeutet, ein Mahner, Warner und Wächter zu sein, hat Ezechiel in einer Auseinandersetzung mit falschen Propheten sehr klar ausgesprochen. Er wirft ihnen vor, dass sie in der Zeit der großen Bedrohung durch Gott *nicht in die Bresche getreten sind* und *sich nicht zur Mauer um das Haus Israel gemacht haben.* (Ezechiel 13,5) Eben dies gehört zum Eigentlichen des prophetischen Dienstes:

Sich an vorderster Stelle Gott auszusetzen, um mit seinem Leben das Volk zu decken. Mag ein Volk noch so schuldig geworden sein – ein Prophet muss an seiner Seite stehen. Gott will und braucht keinen Anwalt, wohl aber der Mensch. Er bedarf eines Fürsprechers vor Gott und vor Menschen.

So hat es schon *Abraham* gehalten, als er vor Gott für die Städte Sodom und Gomorra in die Bresche sprang. (1.Mose 18) Und so auch *Mose*, als er sich vor Gott fürbittend zu dem abgefallenen Volk stellt, das sich ein Götzenbild gemacht und es angebetet hat, und sprach: *Vergib ihnen doch ihre Sünde; wenn nicht, dann tilge mich aus deinem Buch, das du geschrieben hast.* (2.Mose 32) Diese Stellvertretung im prophetischen Amt trägt deutlich messianische Züge.

Gebärden, Bilder und Zeichen

Die Sprache der Propheten umfasst nicht nur Worte – auch Gebärden, Bilder und Zeichen:

> So soll *Jeremia* einen *irdenen Krug* nehmen und vor den Augen der Menschen zerbrechen. Und warum soll er das tun? Wozu? Um darzutun, wie Volk und Stadt zerbrochen werden, weil sie Gott verlassen und seinen Willen missachtet haben. (Jeremia 19)

Oder *Jeremia* soll sich ein *hölzernes Joch* auf den Nacken legen und durch die Straßen Jerusalems gehen, um König, Priester und Volk unmissverständlich klarzumachen, dass sie bald ein fremdes Joch zu tragen haben und für Jahrzehnte ins Exil, in die Verbannung müssen. Und als ein falscher Prophet (Chananja) dieses hölzerne Joch zerbricht, legt er ein neues aus Eisen an. (Jeremia 27 und 28)

Jesaja soll seine Kleidung ablegen und *nackt und barfuss gehen*, drei Jahre lang. (Jesaja 20)

Ezechiel, dem priesterlichen Propheten, der nie Unreines über die Lippen gebracht hat, wird auferlegt, Gerstenfladen zu essen, die vor den Augen der Menschen *auf Menschenkot gebacken* sein sollen. (Ezechiel 4)

Hosea soll, wie schon erwähnt, ein *Hurenweib* heiraten und mit ihr Kinder zeugen, deren Namen an schlimmes Unrecht und an Schuld erinnern sollen. (Hosea 1)

Der prophetische Auftrag ist total. Seine Sprache eine Zumutung, die vor nichts Halt zu machen scheint. Wir stoßen auf den Kern eines von Gott Beschlagnahmten, der ein Dienst der Stellvertretung für das Volk ist.

Die Zukunft beginnt – mitten in der Katastrophe

Wie viel Kraft, Trost und Hilfe in der Symbol- und Zeichensprache ist, mag diese Situation aus dem Prophetendasein Jeremias verdeutlichen: Jerusalem wird belagert. Der Prophet ist im Gefängnis. Juda steht unmittelbar vor dem Zusammenbruch. In dieser politisch hoffnungslosen Situation erhält Jeremia plötzlich Besuch vom Sohn seines Oheims. Dieser bietet dem Propheten Land zum Kauf an. (Jeremia 32)

Was für eine Situation: Die Welt erzittert, Himmel und Erde sind in Aufruhr. Und Jeremia, im Gefängnis, beschäftigt sich mit dem Kauf von Land. Was hat das zu bedeuten? Die Lehre ist wegweisend: Mitten in einer nationalen Katastrophe muss man weiter lernen und lehren, Brot backen und verkaufen, Bäume pflanzen und auf die Zukunft setzen. Man soll nicht die Katastrophe oder Tragödie abwarten, um (dann erst) mit dem Bau und Wiederaufbau des Lebens zu beginnen. Dort in der Tiefe muss der Wiederaufbau seinen Anfang nehmen – zeichenhaft noch vor dem Ende! Die Stadt ist belagert, das Volk hat Hunger, Angst geht um und der Prophet ist im Gefängnis, das ist alles wahr. Aber Jeremia kauft Land und macht Verträge. *Die Zukunft will beginnen – mitten in der Katastrophe*, jeden Augenblick. Sie duldet keinen Aufschub.

Der Kampf um Recht und Gerechtigkeit

Soviel ist deutlich geworden: Der Angelpunkt und Schlüssel prophetischer Existenz ist der lebendige Gott, der Gott Abrahams, Isaaks und Jakobs. Es ist die Bindung an ihn, das Hören auf sein Wort, der Gehorsam, das ihm Verfügbarsein ohne Einschränkung. Bei den Propheten haben wir es nicht mit einem Gottesbegriff zu tun – wie Hosea einmal sehr deutlich macht:

> *Ich (Gott) will mich dir verloben für alle Ewigkeit, ich will mich dir verloben in Gerechtigkeit und Recht, in Gnade und Barmherzigkeit; ja, in Treue will ich mich mit dir verloben und du wirst den Herrn erkennen.* (Hosea 2,21-22)

Die Anklage

So spricht kein Philosophengott, kein ausgeklügeltes Wesen. Der lebendige Gott lässt sich eher vergleichen mit einem stürmisch verliebten jungen Mann als mit einem in sich genügsamen, ewig unveränderlichen höchsten Wesen. Der Gott der Propheten ist in leidenschaftlicher Liebe und drängender Sehnsucht auf dauernde Gemeinschaft aus.

Die Gotteserfahrung der Propheten ist ebenso vielschichtig wie aufregend. Hier geht es um die Gegenwart eines Gottes, der unendlich viel gibt, aber auch viel verlangt. Dieser Gott spricht Klartext. Er will das Herz des Menschen, das Herz des Volkes. Und er richtet die Sünde – nennt Unrecht, Ungerechtigkeit und politisches und religiöses Imponiergehabe beim Namen.

Nehmen wir als Beispiel Gottes Anklage im Munde des Propheten Amos. In beißender Schärfe werden da die Oberen und Herrschenden gegeißelt, die in ihren Luxusmöbeln sicher dahinleben und sich auf Kosten der Armen und Unterdrückten bereichern:

> *Um drei, ja um vier Frevel willen derer von Israel will ich (Gott) sie nicht schonen, weil sie die Unschuldigen für Geld und die Armen für ein Paar Schuhe verkaufen. Sie treten den Kopf der Armen in den Staub und drängen die Elenden vom Wege. Sohn und Vater gehen zu demselben Mädchen, um meinen heiligen Namen zu entheiligen. Und bei allen Altären schlemmen sie auf den gepfändeten Kleidern und trinken Wein vom Gelde der Bestraften im Hause ihres Gottes.* (Amos 2,6-8)

Eine Parodie auf Katechismuswahrheiten

An anderer Stelle parodiert Amos die Katechismuslehren der Priester:

> *Ja, kommt her nach Bethel und treibt Sünde und nach Gilgal, um noch viel mehr zu sündigen! Bringt eure Schlachtopfer am Morgen und eure Zehnten am*

dritten Tage, räuchert Sauerteig zum Dankopfer und ruft freiwillige Opfer aus; denn so habt ihrs gern, ihr Israeliten, spricht der Herr! (Amos 4,4-5)

Was für eine Parodie auf Gottesdienstanweisungen. Amos nimmt kein Blatt vor den Mund. Frömmigkeitsübungen sollen Verbrechen kaschieren. Eigene Liebhabereien werden im angeblich heiligen Tourismus ausgelebt. Nach prophetischem Urteil entspringt der Wallfahrtsbetrieb reiner Vergnügungssucht. Er soll das persönliche Ansehen steigern helfen. Stellen wir uns vor, ein Laie sagt in aller Öffentlichkeit: „Boykottiert die Heiligtümer! Meidet die Gottesdienste! Denn sie sind nichts weiter als religiöse Selbstbefriedigung." Amos tut es, wenn er sagt:

Suchet nicht Bethel und kommt nicht nach Beerscheba; denn Gilgal wird gefangen weggeführt werden, und Bethel wird zunichte werden. (Amos 5,5)
So spricht Gott: Ich bin euren Feiertagen gram und verachte sie und mag eure Versammlungen nicht riechen. (Amos 5,21)
Tu weg von mir das Geplärr deiner Lieder; denn ich mag dein Harfenspiel nicht hören! Es ströme aber das Recht wie Wasser und die Gerechtigkeit wie ein nie versiegender Bach. (Amos 5,23-24)

Mahlfeiern und Musik werden als genießerische Selbstbefriedigung abgetan. Man kann nicht Gott so nebenher dienen. So nach der Art – der Mund singt das Gotteslob, aber im Herzen fragt man schon, wann denn der Sabbat ein Ende hat –

> *dass wir Korn feilbieten können und das Maß verringern und den Preis steigern und die Waage fälschen, damit wir die Armen um Geld und die Geringen um ein Paar Schuhe in unsere Gewalt bringen und Spreu für Korn verkaufen.* (Amos 8,5-6)

Der wahre Gottesdienst

Ob wir wohl merken, was für ein Gott das ist, der die Propheten gepackt hat?! Dieser Gott will nicht Empfänger von religiösen Leistungen sein. Er will soziale Gerechtigkeit unter Menschen. Er will, dass *das Recht ströme wie Wasser und die Gerechtigkeit wie ein nie versiegender Bach*. Denn das ist es, was den wahren Gottesdienst ausmacht. Zu diesem Gottesdienst im „Alltag der Welt" rufen die Propheten das Volk auf. Er ist im Grunde genau das, was *Umkehr* meint, nämlich ein Bekehrtwerden zum Empfangen der Gerechtigkeit, die vor Gott gilt und im Zwischenmenschlichen verwirklicht sein will. Sie ist der Weg zum Leben und der Weg in die Zukunft. Wo sie nicht geschieht, wo sie ausbleibt oder verweigert wird, da beginnen nach Meinung der

Propheten Unheil und Selbstzerstörung, da brechen notwendig Katastrophen herein.

Es ist also die auf dem Spiel stehende Zukunft, die zur Selbstprüfung, Umkehr und Verantwortung auffordert. Und dies kennzeichnet biblische Prophetie: Sie bedenkt und thematisiert „Zukunft" nicht „abstrakt" als Gefahr, wie es meist geschieht. Auch nicht als unbestimmtes Verhängnis oder dunkles Schicksal, sondern als Schuld. Damit macht sie deutlich: Unrecht und Ungerechtigkeit dürfen nicht verdrängt oder beiseite geschoben werden. Wo man es tut, wird „Zukunft" verspielt. Schuld und Versagen von Menschen und Völkern müssen um der Zukunft willen erkannt, aufgedeckt und beim Namen genannt werden.

Das Amt der Enthüllung

So gesehen ist Prophetie ganz wesentlich ein Amt der Enthüllung. Die großen Propheten Israels lüften nicht nur den Schleier des Künftigen, um trügerische Erwartungen zu zerstören. Sie entlarven zugleich das Verhalten ihrer Zeitgenossen, und zwar so, dass sie die versteckten Antriebe und Absichten ihres Handelns aufdecken. Propheten reißen Masken herunter und geben das wahre Gesicht der Leute zu erkennen. Dabei haben sie zwei Gruppen besonders im Visier: die politischen Machthaber und die öffentlichen Vertreter der Frömmigkeit.

Dies also ist ureigenste Sache der Propheten: Sie sollen die Menschen mit Gott konfrontieren, mit dem Gott, der Recht und Gerechtigkeit will. Darum müssen sie soziales Unrecht beim Namen nennen, Masken herunterreißen und dem politischen und religiösen Versteckspiel vor Gott ein Ende machen. Sie sollen Schuld aufdecken und zur Umkehr rufen. Das Aufarbeiten schuldhafter Vergangenheit aber geschieht um der Zukunft willen.

Die universale Perspektive der Geschichte

In prophetischer Sicht ist Gott nicht nur der liebende und Recht und Gerechtigkeit schenkende und fordernde Gott. Er ist auch der universale und souverän agierende Herr der Geschichte. Er ist es, der alle Fäden der Weltgeschichte in der Hand hat. Das zeigt zum Beispiel der Prophet Jesaja in unglaublich kühnen Bildern. Da heißt es:

> *Zu der Zeit wird der Herr herbeipfeifen die Fliege am Ende der Ströme Ägyptens und die Biene im Lande Assur, dass sie kommen und sich alle niederlassen in den tiefen Tälern und in den Steinklüften und in allen Hecken und an jeder Tränke.*
>
> *Zu der Zeit wird der Herr das Haupt und die Haare*

am Leib scheren und den Bart abnehmen durch das Schermesser, das jenseits des Stroms gedungen ist, durch den König von Assyrien. (Jesaja 7,18-20)

Nicht ohne Witz und Ironie

So hat Jesaja zu seinen jüdischen Zeitgenossen gesprochen. Für ihn konnte Gott Weltreiche rufen, wie einer die Tiere herbeipfeift. Die Perspektive von Gott her auf die Weltmächte ist ja nicht ohne Witz und Ironie. Ägypten wird degradiert zu einem winzigen Insekt, das einem Pfiff Gottes gehorchen muss. Und Assur wird zu einem willenlosen Rasiermesser, das von Gott selbst geführt wird. Man muss sich das einmal klar machen: Gott als Barbier, der sich ein Rasiermesser – das heißt, ein Weltreich – leiht. Wozu? Um mal eben die gesamte palästinensische Landbrücke glatt zu rasieren, ihr Haupt und Schamhaare zu scheren und den Bart abzunehmen, also Länder und Völker, auch Israel und Juda, zu demütigen; denn das bedeutet es, wenn man jemanden glattrasiert – Niederlage und Demütigung.

Verdeutlichen wir uns den Hintergrund: Als die assyrischen Großkönige ihre Hand ausstreckten und begannen, die syrischen Kleinstaaten aufzurollen, da war diese Frage unabweisbar geworden: Wer ist denn nun Herr im Raum der Geschichte? Im Klartext: War diese Weltmacht, die sich anschickte, ihre Hand auch nach

Jerusalem auszustrecken, stärker als der Gott Israels? Und war diese assyrische Weltmacht vielleicht in den Geschichtsplänen des Gottes Israels gar nicht vorgesehen?

Darauf eben gibt Jesaja diese für damalige Ohren gewiss bestürzende Auskunft: „Zu der Zeit wird der Herr herbeipfeifen die Fliege am Ende der Ströme Ägyptens und die Biene im Lande Assur."

So wie ein Hirte durch Pfeifen oder Schnalzen seine Tiere lenkt, so geht Gott mit den Weltreichen um. Er selbst ist es, der den Assyrer nach Palästina entbietet. Das über den Horizont heraufgestiegene Weltreich Assur hat dem Propheten keineswegs den Blick auf Gott verstellt. Ganz im Gegenteil. Die Proportionen sind geradezu umgekehrt: Das Weltreich Assur hat eigentlich gar keine Eigenmächtigkeit und von seinen Göttern ist in dieser Schau überhaupt keine Rede. Nicht das Weltreich, sondern Gottes Pläne erfüllen den Raum der Geschichte.

Er stößt die Gewaltigen vom Thron

Dies ist die Perspektive des weltpolitisch kleinen, unbedeutenden Israel – vertreten durch die Propheten – auf die große universale Geschichte. Wie verlieren hier Ägypten und das drohende neuassyrische Weltreich alle Eigenmächtigkeit! Im prophetischen Blick vor Israels Gott schrumpfen die Großmächte zu einem lächerlichen Nichts. Hier werden von Gott her die Größenverhältnisse zurechtgerückt. So als würde der Prophet uns zurufen:

Lasst euch nicht (allzu sehr) von weltpolitischen Ereignissen beeindrucken. Sie scheinen gewaltig und übermächtig. Aber fürchtet euch nicht! Die Weltreiche sind in der Hand des lebendigen Gottes. Sie ist es, die in Wahrheit Geschichte macht. Von ihr geht alle Aktivität aus, alle Bewegung. Mögen wir diesen politischen Raum „Geschichte" nennen – er ist jedenfalls von Gottes Hand, seinem Wirken, durchdrungen und umschlossen. Wir finden dieselbe Perspektive im *Lobgesang der Maria*, wo es heißt:

Er (Gott) übt Gewalt mit seinem Arm und zerstreut,
die hoffärtig sind in ihres Herzens Sinn.
Er stößt die Gewaltigen vom Thron
und erhebt die Niedrigen. (Lukas 1,51f)

Und bei dem Propheten *Jesaja* lesen wir:

Siehe, die Völker sind geachtet wie ein Tropfen am Eimer und wie ein Sandkorn auf der Waage. (Jesaja 40,15)

Der „Tropfen" ist die kleinste Einheit von Wasser, Meer und Ozean. Und das Sandkorn ist ein Nichts auf der

Waage. Gott aber ist groß und weit wie das Meer und unerforschlich ist sein Ratschluss. Es ist ebenso aufregend wie spannend zu sehen, wie in der geschichtlichen Perspektive der Propheten das Große klein und das Kleine, Unscheinbare groß und bedeutsam wird, die Größenverhältnisse also auf den Kopf gestellt und neu bestimmt werden!

Erich Kästner sagt über den Humor: „Er rückt den Augenblick an die richtige Stelle und lehrt uns die wahre Größenordnung und die gültige Perspektive. Er macht die Erde zu einem kleinen Stern, die Weltgeschichte zu einem Atemzug und uns selber bescheiden." Wenn es sich mit dem Humor verhält, wie Kästner sagt, dann ist Gott in prophetischer Perspektive der größte Lehrmeister des Humors und der heiteren Gelassenheit.

Die messianische Zukunft

Wenn heute in einer Gesellschaft etwas nicht in Ordnung ist, dann wissen wir die Missstände recht klar aufzuzeigen und zu benennen. Wir hätten wohl auch kaum Mühe, die sozialen, politischen oder wirtschaftlichen Schäden zuzugeben und einzuräumen, *dass* die Gesellschaft krank sei. Sehr viel schwieriger wird es, wenn wir die Ursachen der Missstände benennen und sagen sollten, *woran* denn das Volk kranke und *wie*, durch wen oder was, es wieder heil werden und genesen kann.

Krank sein an Gott?

Von der Antwort auf diese Frage aber hängt die Zukunft eines Volkes ab. Was würden wir sagen? Würden wir sagen, das Volk sei krank an Gott? Wohl kaum. Aber die Propheten tun es. So heißt es zum Beispiel bei Hosea:

> *Und Ephraim sah seine Krankheit und Juda sein Geschwür. Da ging Ephraim zu Assur und sandte zum Großkönig; der kann euch nicht heilen, und das Geschwür wird nicht von euch weichen.* (Hosea 5,13)

Das Nordreich Ephraim/Israel und das Südreich Juda sind krank, sagt der Prophet. Und Ephraim sieht seine Krankheit und Juda erkennt sein Geschwür. Aber nun ist die entscheidende Frage: krank – woran?

Wahrscheinlich würden Hoseas Zeitgenossen zugegeben haben, das Volk kranke an sozialen, politischen und wirtschaftlichen Schäden. Aber der Prophet sieht tiefer. Er meint: Das Volk sei in Wahrheit krank an Gott. Denn es sieht nicht den lebendigen Gott, der in allem und über allem wirksam ist. Nicht hektische Betriebsamkeit wäre darum das Gebot der Stunde. Worauf es vielmehr ankommt, sei dies: Gott nicht durch menschliche Machenschaften den Platz verstellen, sondern auf ihn sehen, ihm vertrauen und seinem Walten Raum geben. Dies kennzeichnet die Propheten: Sie sehen Gott in einer Größe und Direktheit auf sich zukommen, wovon ihre Zeitgenossen weder etwas wissen noch ahnen.

So ist es doch: Wenn in unser Blickfeld ein Weltreich tritt, dann füllt es allen geschichtlichen Raum aus. Gott jedoch, von dem alles durchdrungen und umschlossen ist, erscheint (wenn überhaupt) nur schattenhaft. Aber eben dies, dass wir den in allem und über allem wirksamen Gott nicht sehen, das ist unsere Krankheit, unser eigentlicher Schaden. So sehen es die Propheten. Sie lassen sich jedenfalls den Blick auf Gott *nicht* verstellen – mögen die geschichtlichen Phänomene noch so imponierend sein.

Wer heilt den Schaden?

Nun ist es aber auch dieses tiefe Wissen um Gott und sein Wirken, das die Propheten immer wieder ins Leiden führte. So litt der Prophet Hosea darunter, dass der König, also der von Gott „Gesalbte" (hebräisch: *Messias*), um den Schaden des Volkes zu heilen, woanders Hilfe suchte als bei Gott. Der König und seine Oberen setzten offensichtlich ihre Hoffnung auf die Weltmacht Assur und erwarteten von dort Hilfe und Genesung. *Aber Assur kann euch nicht heilen; und das Geschwür wird nicht von euch weichen*, ruft ihnen der Prophet zu. Denn Heil und Heilung können nur von Gott erwartet werden. Er allein kann eure Krankheit heilen. Vertraut auf seinen Arm. Er ist der Weg in die Zukunft, nicht Assur.

Der kommende Messias

So etwa müssen wir uns das politische Umfeld und religiöse Klima vorstellen, in dem die messianischen Verheißungen gesprochen wurden. Sie entwerfen das Bild eines zukünftigen Königs in Israel. Das schließt ein vernichtendes Urteil über die zeitgenössischen regierenden Könige mit ein. Wer so entschieden in dem kommenden Gesalbten/Messias das Heil verkörpert sieht, der sagt damit, dass die zeitgenössischen Könige aus dem Hause Davids ihre rettende Funktion verloren haben, die ihnen von den Königspsalmen noch so emphatisch zugeschrieben wurden. Alles, was an ihnen in dieser Hinsicht gefeiert wurde, haben sie an den kommenden Gesalbten/Messias abgetreten. Beim Propheten Jesaja beginnt eine messianisch-davidische Verheißung/ Weissagung mit diesen Worten:

> *Und es wird ein Reis hervorgehen aus dem Stamm Isais und ein Zweig aus seiner Wurzel Frucht bringen. Auf ihm wird ruhen der Geist des Herrn, der Geist der Weisheit und des Verstandes, der Geist des*

Rates und der Stärke, der Geist der Erkenntnis und der Furcht des Herrn. Und Wohlgefallen wird er haben an der Furcht des Herrn. (Jesaja 11,1-3a)

Der Wurzelstock Isais

Nach Meinung des Propheten will Gott sein messianisches Werk von vorn beginnen. Dabei setzt er noch einmal genau da ein, von wo er es hat ausgehen lassen, nämlich in Bethlehem, in der Familie Isais. Jesaja bewegt sich in der traditionellen, höfischen Vorstellungswelt. Doch hat er sie in einem ganz wesentlichen Punkt verlassen. Er bindet seine Aussagen nicht mehr, wie es bisher üblich war, an einen gleichzeitigen und gegenwärtigen „Gesalbten" auf dem Thron Davids. Losgelöst davon beschreibt er in den ersten Versen die Amtsausrüstung eines zukünftigen Gesalbten, der „dem Wurzelstock Isais" entstammen wird.

Bemerkenswert ist, dass der Prophet sich nicht auf David (in Jerusalem) rückbesinnt, sondern auf Isai (in Bethlehem), den Vater Davids. Mit dessen Kommen wird Gott dann die Herrlichkeit des ersten davidischen Reiches wiederherstellen. Und dieser zukünftige Messias wird nicht mehr nur *ein* Charisma haben, wie es Israel bisher erlebt hat. Vielmehr wird ihn eine *Vielzahl* von Charismen bevollmächtigen. Und der Geistbesitz wird bei ihm nicht temporär, sondern dauerhaft sein.

Das messianische Amt

In einem weiteren Teil sagt die Verheißung, wie der Gesalbte (im Geistbesitz) sein Amt führt:

Er wird nicht richten nach dem, was seine Augen sehen, noch Urteil sprechen nach dem, was seine Ohren hören, sondern wird mit Gerechtigkeit richten die Armen und rechtes Urteil sprechen den Elenden im Lande, und er wird mit dem Stabe seines Mundes den Gewalttätigen schlagen und mit dem Odem seiner Lippen den Gottlosen töten. Gerechtigkeit wird der Gurt seiner Lenden sein und die Treue der Gurt seiner Hüften. (Jesaja 11,3b-5)

Hiernach ist das hauptsächliche Amt des zukünftigen Messias das des Schlichters. Und seine besondere Fürsorge gilt den Rechtsschwachen:

Denn er wird den Armen erretten, der um Hilfe schreit,
und den Elenden, der keinen Helfer hat.
Er wird gnädig sein den Geringen und Armen,
und den Armen wird er helfen.
Er wird sie aus Bedrückung und Frevel erlösen,
und ihr Blut ist wertgeachtet vor ihm. (Ps 72,12-14)

Wie die Königspsalmen, besonders Psalm 72, sieht Jesaja den Gesalbten vor allem damit beauftragt, das

Gottesrecht auf Erden durchzusetzen. Was den König auch sonst auszeichnet, scheint noch überboten zu werden – durch Allwissenheit des zukünftigen Gesalbten und die tödliche Wirkung seines Urteilsspruchs.

Der paradiesische Frieden

Das Ergebnis seiner Herrschaft ist der paradiesische Frieden. Mit der Regierung dieses Gesalbten wird sogar der Bereich der Natur geordnet und entspannt:

Da werden die Wölfe bei den Lämmern wohnen
und die Panther bei den Böcken lagern.
Ein kleiner Knabe wird Kälber
und junge Löwen und Mastvieh miteinander treiben
Kühe und Bären werden zusammen weiden,
dass ihre Jungen beieinander liegen,
und Löwen werden Stroh fressen wie Rinder.
Und ein Säugling wird spielen am Loch der Otter,
und ein entwöhntes Kind wird seine Hand stecken
in die Höhle der Natter. (Jesaja 11,6-8)

Man soll nicht denken, die Propheten hätten das Kommen dieses Gesalbten erst in einer unbestimmten Zukunft erwartet. Jesaja zum Beispiel erwartet die Thronbesteigung dieses Gesalbten in ganz naher Zukunft – noch im Zusammenhang mit der Assyrernot und ihrer Überwindung:

Ein Volk, das im Finstern wandelt, sieht ein großes Licht, und über denen, die da wohnen im finstern Lande, scheint es hell. (Jesaja 9,1)

Die Zukunft hat begonnen

Diese messianische Verheißung des Propheten Jesaja setzt ein bei einer zeitgeschichtlich sehr konkreten Situation. Weite Gebiete sind vom Nordreich Israel durch Tiglatpilesar, den König der Assyrer, abgetrennt und in das assyrische Provinzialsystem einverleibt worden. Losgerissen vom Gottesvolk, hinausgestoßen in das Dunkel der Geschichtslosigkeit, sind die Verbannten „das Volk, das im Finstern wandelt". Aber nun ist da „ein großes Licht, das über ihnen aufglänzt". Gemeint ist die prophetische Kunde von zwei geschichtswendenden Ereignissen.

Das erste Ereignis ist dies: Gott hat das Joch, den Stecken des Fronvogts, gemeint ist die Macht Assyriens, zerbrochen. Wie einst die Wunder in den alten heiligen Kriegen ist das geschehen. Die Niederzwingung der Feinde selbst liegt ganz im Dunkel. Es muss nur noch aufgeräumt und das verstreut umher liegende Kriegsgerät verbrannt werden. In der Sprache Jesajas:

Du weckst lauten Jubel, du machst groß die Freude. Vor dir wird man sich freuen, wie man sich freut in der Ernte, wie man fröhlich ist, wenn man Beute aus-

teilt. Denn du hast ihr drückendes Joch, die Jochstange auf ihrer Schulter und den Stecken ihres Treibers zerbrochen wie am Tage Midians. Denn jeder Stiefel, der mit Gedröhn dahergeht, und jeder Mantel, durch Blut geschleift, wird verbrannt und vom Feuer verzehrt. (Jesaja 9,2-4)

Ein Kind ist uns geboren

Das zweite Ereignis ist die von der Thronbesteigung des Gesalbten. Sie wird nach der Vorstellung des Propheten der Befreiungstat Gottes unmittelbar folgen. Dafür findet der Prophet wundervolle Worte:

Ein Kind ist uns geboren, ein Sohn ist uns gegeben,
und die Herrschaft ruht auf seiner Schulter;
und er heißt Wunder-Rat, Gott-Held, Ewig-Vater, Friede-Fürst; auf dass seine Herrschaft groß werde
und des Friedens kein Ende auf dem Thron Davids
und in seinem Königreich, dass er's stärke und stütze
von nun an bis in Ewigkeit.
Solches wird tun der Eifer des Herrn Zebaoth. (Jesaja 9,5-6)

Das Kind, das geboren, der Sohn, der gegeben ist, ist kein Minderjähriger. Es ist der Gesalbte, der Messias, der nach Psalm 2, dem traditionellen Krönungspsalm, im Augenblick seiner „Krönung" in das Kindschaftsverhältnis zu Gott eintritt. Von großer Bedeutung ist, dass der kommende Gesalbte als „ssar“ bezeichnet wird und seine Herrschaft als eine „missrah“. Ein „ssar“ aber ist nie ein Selbstherrscher, sondern ein von höherer Stelle Beauftragter. Mag er da, wo er residiert, einem König gleichen, mag er in seiner Machtfülle manchen Selbstherrscher übertreffen, so ist doch er selber nur ein „Mandatar“, ein Beauftragter. Er ist orientalisch ausgedrückt nicht Sultan, sondern Wesir, und bleibt als solcher nach oben hin verantwortlich. Er ist nicht „König“, sondern untersteht einem König; und das ist Gott, der ihn auf seinen Thron als Statthalter berufen wird.

Ist der Gesalbte mit der Statthalterschaft Gottes belehnt, so werden ihm nun auch die Thronnamen zugesprochen. Besonders wichtig ist „Wunder-Rat“. Dieser Thronname bezieht sich auf die Beratung, die er mit dem Weltkönig pflegt. Er steht in ständigem Gespräch mit Gott über die Regierung der Welt. Die Stützen seines Thrones sind Recht und Gerechtigkeit, und in seinem Reich *ist des Heils kein Ende*. So sieht die messianische Zukunft des Propheten aus.

Wenn das Wort zu Feuer wird

Über wahre und falsche Propheten

Wer sind die „Propheten" heute?

Die Auseinandersetzung mit den Berufskollegen, den falschen Propheten, gehörte zum Schwierigsten, was einst ein Jeremia, ein Micha ben Jimla, ein Amos oder Ezechiel durchzukämpfen hatte. Das sagen übereinstimmend die biblischen Propheten. Wie viel schwieriger ist es, wahre und falsche Propheten heute zu unterscheiden und zu benennen. Dies umso mehr, als das biblische Phänomen der „Propheten" erloschen ist. Johannes der Täufer war ihr letzter Repräsentant. Wenn wir dennoch von „Propheten heute" sprechen, dann nur im Sinne einer den biblischen Propheten vergleichbaren Größe. Aber wer sind sie in unseren Tagen?

Könnten es die Wissenschaftler, die Sachverständigen, die sogenannten Experten sein, die in den Medien zu allen Problemfeldern befragt werden? Oder die

Schriftsteller und Künstler? Der Theologe Christoph Blumhardt, der von 1900 bis 1906 Abgeordneter im Württembergischen Landtag war - ein Schritt, den er als „prophetische Tat" verstanden wissen wollte - hat einmal darauf hingewiesen, dass man „in weltlichen Schriftstellern eine Menge Prophetie auf eine neue Zeit" finde.

Der Schriftsteller (Harold Pinter)

Der Dramatiker Harold Pinter, der 2005 den Nobelpreis für Literatur erhielt, erhob in seiner Nobelvorlesung schwere Vorwürfe gegen die Regierungen Amerikas und Englands wegen ihres Irakkrieges. Er erklärte:

> „Wie jeder der hier Anwesenden weiß, lautete die Rechtfertigung für die Invasion des Irak, Saddam Hussein verfüge über ein gefährliches Arsenal an Vernichtungswaffen, von denen einige binnen 45 Minuten abgefeuert werden könnten, mit verheerender Wirkung. Man versicherte uns, dies sei wahr. Es war nicht die Wahrheit. Man erzählte uns, der Irak unterhalte Beziehungen zu al-Qaida und trage Mitverantwortung für die Gräuel in New York. Man versicherte uns, dies sei wahr. Es war nicht die Wahrheit. Man erzählte uns, der Irak bedrohe die Sicherheit der Welt. Man versicherte uns, es sei wahr. Es war nicht die Wahrheit."

Pinter meint, politische Sprache, so wie Politiker sie gebrauchen, habe (mehrheitlich) kein Interesse an der Wahrheit, sondern nur an der Macht und am Erhalt der Macht. Sind Schriftsteller vom Schlage eines Harold Pinter, die schonungslos und gegen alle Widerstände (von welcher Seite auch immer) die Frage nach der Wahrheit stellen, die (wahren) Propheten heute? Auf jeden Fall ist beeindruckend, wie rückhaltlos er die Frage nach der Wahrheit stellt und an ihr festhält. Und Pinter weiß, dass dies mit bitterer Unruhe zu tun hat und nicht ohne Schmerzen abgeht, wie er am Ende seiner Rede feststellt:

> „Blicken wir in einen Spiegel, dann halten wir das Bild, das uns daraus entgegensieht, für akkurat. Aber bewegt man sich nur einen Millimeter, verändert sich das Bild. Wir sehen im Grunde eine endlose Reihe von Spiegelungen. Aber manchmal muss der Schriftsteller den Spiegel zerschlagen – denn von der anderen Seite dieses Spiegels blickt uns *die Wahrheit* ins Auge."

Worte wie diese atmen prophetischen Geist, wie wir ihn aus den biblischen Schriften kennen. Und wenn Pinter in derselben Rede sagt, ein Schriftsteller müsse allen Widrigkeiten zum Trotz an der Wahrheit festhalten und sein Dasein sei darum äußerst verletzlich, fast schutzlos – dann ist die Nähe zur „prophetischen Existenz“ spürbar. Und so lautet denn konsequent sein Credo:

> „Ich glaube, dass den existierenden kolossalen Widrigkeiten zum Trotz die unerschrockene, unbeirrbare, heftige intellektuelle Entschlossenheit, als Bürger die wirkliche Wahrheit unseres Lebens und unserer Gesellschaften zu bestimmen, eine ausschlaggebende Verpflichtung darstellt, die uns allen zufällt. Sie ist in der Tat zwingend notwendig. Wenn sich diese Entschlossenheit nicht in unserer politischen Vision verkörpert, bleiben wir bar jeder Hoffnung, das wiederherzustellen, was wir schon verloren haben – die Würde des Menschen.“

Die Kirche und das „charisma propheticon"

Der Wahrheit verpflichtet um der Würde des Menschen willen – ist das nicht auch zutiefst der Auftrag der Kirche? Wie steht es mit dem Handeln der Kirche und ihren Verlautbarungen? Sind sie so etwas wie ein prophetisches Element? Groß war die Einmütigkeit, mit der alle Kirchen vom Papst bis zum Ratsvorsitzenden der EKD den Irakkrieg abgelehnt haben. Solche Einstimmigkeit ist selten, ja fast schon verdächtig.

Es ist aber ganz und gar nicht abwegig, die Kirche und ihre Verkündigung mit dem Phänomen „Prophetie“ in Verbindung zu bringen. Denn immerhin kennt das Neue Testament – neben den Aposteln – auch Propheten und Zeugen des Evangeliums (Epheser 2,20; 3,5; 4,11; Offenbarung 18,20). Und der Apostel Paulus spricht (1.Korinther 12,10; Römer 12,6) vom *charisma propheticon*, vom Charisma der Prophetie. Die „prophetische Rede“ wird als die wichtigste, höchste und erstrebenswerteste aller Geistesgaben genannt. (1.Korinther 14,1)

Die Frage aber ist, wie steht es damit heute in der Kirche? Ist nicht in der Verkündigung der Kirche insofern ein gefährlicher Notstand eingetreten, dass wir es mit einem Ausfall prophetischer Predigt zu tun haben, dass uns das *charisma propheticon* entschwunden ist?

Wir haben allen Grund, uns darüber Gedanken zu machen und werden darauf zurückkommen. Zunächst geht es darum, Kriterien zu finden und klare Maßstäbe, die helfen, die Geister der Zeit zu unterscheiden. Das soll im Rückgriff auf die biblische Prophetie geschehen. Wir befragen also die Propheten von einst, um im Dschungel der Meinungen und Ansichten für uns heute Klarheit, Licht und Wegweisung zu bekommen – wie es im Apostelwort heißt:

Umso fester haben wir das prophetische Wort,
und ihr tut gut daran, dass ihr darauf achtet
als auf ein Licht, das da scheint an einem dunklen Ort –

bis der Tag anbricht und der Morgenstern aufgeht in euren Herzen. (2.Petrus 1,19)

Der Konflikt

Es gibt eine dramatische Auseinandersetzung zwischen dem Propheten Jeremia und seinem Berufskollegen Chananja, die uns in die Region führt, die seit langem unsere Nachrichtensendungen füllt – in den Irak und den Nahen Osten. Wir schreiben das Jahr 597 v. Chr. Wie ein Sturm ist der babylonische Despot Nebukadnezar mit seinen Heeren über die umliegenden Länder und Völker gekommen und hat alles besiegt und unterworfen, was sich ihm in den Weg stellte. Auch das Südreich Juda mit Jerusalem hat er erobert. König Jojachin ist nach Babylon ins Exil verschleppt und das kostbare Tempelgerät, der Jerusalemer Tempelschatz, als Beutegut geraubt worden. Aber noch existiert das Südreich Juda, noch atmet und lebt die Stadt Jerusalem, noch steht der Tempel Salomos.

Jeremia und Chananja

Etwa vier Jahre danach, im Jahr 593 v. Chr., findet in Jerusalem eine Art Außenministerkonferenz statt. Die Vertreter der Nachbarstaaten Edom, Moab, Ammon,

Tyros und Sidon sind zusammengekommen, um über einen Aufstand gegen die Großmacht Babel zu beraten. In dieser politisch höchst explosiven Situation ereignet sich folgende Szene:

Der Prophet Jeremia erhält von Gott den Auftrag: Mache dir ein Joch und lege es auf deinen Nacken. Mit dieser Botschaft geh zum König von Juda, zu Zedekia. Jeremia tut es. Er macht sich ein hölzernes Joch, legt es auf seinen Nacken und tritt demonstrativ auf. Alles schaut auf ihn. Dann sagt Jeremia im Namen Gottes:

Ich, der lebendige Gott, habe eure Länder in die Hand meines Knechts Nebukadnezar gegeben. Alle eure Völker müssen sich ihm unterwerfen. Sie sollen ihren Nacken unter sein Joch beugen. Nur so bleibt ihr am Leben. Die Unterwerfung soll mindestens für zwei bis drei Generationen gelten, bis in die Zeit von Nebukadnezars Sohn und Enkel. Die Propheten, die anderes sagen, sind Lügner. (Jeremia 27)

Daraufhin tritt ein anderer Prophet auf, Chananja von Gibeon, der Sohn Assurs. In Anspielung auf Jeremias Symbol vom Ochsenjoch verkündet er feierlich als Bote Gottes:

So spricht der Herr Zebaoth, der Gott Israels: Ich zerbreche das Joch des Königs von Babel. Die kostbaren Tempelgeräte werden schon nach zwei Jahren wieder zurückgebracht werden; und König Jojachin wird mit allen Deportierten heimkehren. Alles wird gut. Weg mit dem Joch, das Jeremia auf dem Nacken trägt! (Jeremia 28,1-4)

Das sagt Chananja vor allem Volk und vor der Priesterschaft auf dem Tempelplatz. Keine Frage, der Applaus der höfischen Kreise und natürlich der großen Mehrheit der antibabylonischen, nationalistischen Partei Jerusalems und seiner verbündeten Staaten ist ihm sicher. Hätte man auf der gerade tagenden Außenministerkonferenz eine prophetische Einschätzung der politischen Lage gewollt, so wäre Chananja so recht nach ihrem Herzen und der erwünschte Redner gewesen.

Aber wie steht Jeremia nun da?! Ungeheuerlich, was hier geschieht. Hier steht nicht nur Prophet gegen Prophet, hier steht ein Gotteswort gegen ein anderes Gotteswort. Und Frage ist – was gilt? Welches ist wahr? Eines von beiden kann doch nur richtig sein.

Jeremia muss sich grenzenlos allein gefühlt haben. Er weiß natürlich, dass das Volk viel lieber denjenigen anhört, der Gutes verheißt und verspricht, was die Leute hören möchten. Chananjas Auftritt verschlägt ihm die Sprache. Jedenfalls hat er nicht gleich ein neues Wort von Gott, mit dem er den selbstsicheren Chananja hätte zurückweisen können. Auch greift er nicht auf ein bereits verkündetes Gotteswort zurück, um darauf zu pochen und es zu wiederholen. Vielmehr erklärt Jeremia fast schüchtern und kleinlaut seine persönliche Meinung zu Chananjas Gottesspruch: *Amen. Möchte wahr werden, was du sagst. Ich von mir aus hätte es wohl auch gern, wenn die Katastrophe so schnell abzuwenden wäre.* (Jeremia 28,6)

Prophet steht gegen Prophet, Gotteswort gegen Gotteswort. Aber welches ist denn nun wahr?

Kriterien zur Unterscheidung zwischen wahren und falschen Propheten

Wohl hat die Geschichte Jeremia als den wahren Propheten erwiesen. Worauf es jedoch ankommt, ist doch, dem geschichtlichen Augenblick gewachsen zu sein; und das heißt praktisch, den wahren vom falschen Propheten unterscheiden zu können, um die politisch richtige Entscheidung zu treffen. Gibt es Kriterien dafür? Das ist die Frage. Sind aus der Auseinandersetzung zwischen Jeremia und Chananja Maßstäbe für heute zu gewinnen, an denen wir uns orientieren können?

Das „Rückspiegeldenken"

Eine erste Orientierung finden wir in dem Wort Jeremias: *Doch höre, du, Chananja, und alles Volk! Die Propheten vor mir und vor dir haben in der Regel Unheil angesagt, Krieg, Hungersnot oder Pest.* (Jeremia 28,8)

An diesem Satz wird prophetisches Denken erkennbar, an dem zweierlei aufschlussreich ist. Zunächst dies: Es geht um wichtige politische Entscheidungen für heute und morgen. Was aber tut Jeremia? Er schaut zurück in die Vergangenheit und lenkt Chananjas Blick in die Geschichte des Volkes Gottes. Er denkt an die großen Propheten der früheren Jahrhunderte, an einen Elia und Micha ben Jimla, an einen Amos, Hosea, Jesaja und Micha.

Die Denkbewegung ist deutlich: Wer Zukunft haben will, muss seine Vergangenheit aufarbeiten. Neil Postman hat einmal vom „Rückspiegeldenken" gesprochen und den Vergleich mit dem Autofahrer herangezogen. Ohne immer wieder in den Rückspiegel zu schauen, gibt es keinen sicheren, verlässlichen Weg nach vorn, in die Zukunft und hin zu dem Ziel, welches man erreichen möchte.

Die Ankündigung von Unheil und Gericht

Aber damit nicht genug. Der Blick zurück in die Vergangenheit wird von Jeremia noch präzisiert: Was haben die früheren Propheten allesamt getan?

Nun – sie waren mit Eifer dabei, Sünde und Unrecht aufzudecken. Dementsprechend haben sie vor allem das *Gericht Gottes* angekündigt. In dieser Linie sieht Jeremia die Verantwortung des Propheten. Die Vorgänger im Prophetenamt haben nicht gesagt, was die Leute gerne hören wollten, sondern sind ihnen höchst (selbst)kritisch begegnet. Sie mussten, indem sie Schuld und Versagen beim Namen nannten, gegen den Strom der öffentlichen Meinung schwimmen.

Dies ist ein erstes Unterscheidungsmerkmal zwischen wahrer und falscher Prophetie: Wer bei der Beurteilung gegenwärtiger Probleme im Licht der Zukunft und im Hören auf Gottes Willen von eigener Schuld und von verschuldetem Unheil schweigt, dem ist mit größter Vorsicht und Skepsis zu begegnen. Wo in gegenwärtige politische Entscheidungen die Frage nach Recht und Unrecht nicht einbezogen wird, da sollten bei uns die Alarmglocken schrillen.

Wir bedenken die Zukunft heute im Allgemeinen als Gefahr – wie zum Beispiel an der Terrorismusdiskussion deutlich wird – und suchen Wege aus der Gefahr. Wahre Prophetie aber bedenkt die Zukunft zunächst und zuerst als Schuld: Wo habe ich oder wo hat ein Volk in der Vergangenheit mit verkehrtem Tun eine unheilvolle Zukunft heraufbeschworen?! Und das hat ohne Seitenblick auf die Anderen zu geschehen, ohne

Aufrechnung gegen die Schuld der Anderen. So decken klassische Propheten die Sünden des eigenen Volkes auf und verschweigen das Gericht nicht. Dies freilich alles mit dem Ziel, zur Umkehr zu rufen. Aufdeckung der Schuld zielt auf Umkehr, auf Neuanfang und Besserung, und erschließt so Wege in die Zukunft.

Das Schuldbekenntnis (Martin Niemöller)

Der evangelische Theologe Martin Niemöller, der mit der Gründung des Pfarrernotbundes 1933 der „Bekennenden Kirche" im Widerstand gegen die Gleichschaltung der Kirche im Nationalsozialismus entscheidende Impulse gab, beginnt seine Verkündigung nach 1945 analog den biblischen Propheten mit dem Bekenntnis der Schuld: „Das haben wir heute unserem Volk und der Christenheit zu sagen, dass wir nicht als die Frommen und Gerechten vor ihnen stehen und zu ihnen kommen, dass wir vielmehr schuldig sind und versuchen wollen, in Zukunft unsere Pflicht recht zu erkennen und treu zu erfüllen. …"

Worin sah Niemöller die Schuld der Kirche? Er sah sie darin, dass man sich mehr um das Weiterleben der Kirche als um das Leben und Überleben der Mitmenschen, der Juden, der Kommunisten, der Sinti und Roma und anderer, gesorgt und gekümmert hatte. Unter Niemöllers maßgeblicher Mitwirkung kam es im

Oktober 1945 zu der *Stuttgarter Schulderklärung*. Darin heißt es: „Wir klagen uns an, dass wir nicht mutiger bekannt, nicht treuer gebetet, nicht fröhlicher geglaubt und nicht brennender geliebt haben. Nun soll in unseren Kirchen ein neuer Anfang gemacht werden."

Mit den wahren Propheten der biblischen Zeit hatte Niemöller verstanden, dass es einen wirklichen Weg in die Zukunft nur gibt, wo man Schuld und eigenes Unrecht erkennt und bekennt. Damals schrieb eine Schweizer Zeitung unter dem Eindruck von Niemöllers Bußpredigten, er ziehe wie ein moderner Jeremia durch das Land. Jahre später zog Niemöller Bilanz: „Ich habe zwei Jahre lang nichts anderes getan, als den Menschen diese Schulderklärung zu predigen – leider ohne Erfolg."

Und so ist wohl zu fragen, ob es nicht die Erfolglosigkeit der Schulderklärung war, die einen wirklich neuen Anfang in der evangelischen Kirche nach 1945 verhindert hat und damit schwerste Folgen für das prophetische Reden und Handeln der Kirche in der Gesellschaft hatte.

Gottes Wort erfüllt sich

Ein weiteres Kriterium nennt uns Jeremia, wenn er sagt: *Die Propheten, die Heil weissagten (wie Chananja es tut), hat man als wahre Propheten daran erkannt, dass ihr Wort in Erfüllung ging.* (Jeremia 28,9) Ganz ähnlich heißt es in der Tora:

> *Wenn du aber in deinem Herzen sagen würdest: Wie kann ich merken, welches Wort der Herr nicht geredet hat? – wenn der Prophet redet in dem Namen des Herrn und es wird nichts daraus und es tritt nicht ein, dann ist das ein Wort, das der Herr nicht geredet hat. Der Prophet hat es aus Vermessenheit geredet, darum scheue dich nicht vor ihm.* (5.Mose 18,21f)

Ob also das Wort im Munde des Propheten wahr ist, wird daran erkannt, dass es sich erfüllt. Denn Gottes Wort ist *Tatwort.* Es kommt nie leer zu Ihm zurück, sondern tut, wozu Er es bestimmt hat. (Jesaja 55) Das Wort der falschen Propheten dagegen erfüllt sich nicht. Worte, die etwas versprechen und nicht zur „Tat" werden, sind nach prophetischem Verständnis „Lügenworte".

Das bedeutet in der politischen Situation des Jahres 593 v. Chr.: In der gegenwärtigen Stunde gibt es überhaupt noch kein Kennzeichen der Glaubwürdigkeit von Chananjas Heilswort. Es bleibt abzuwarten. Der wahre Prophet widersteht dem Zeitgeist und jeder Art von Wunschdenken und versteht abzuwarten. Die damaligen und wir heutigen Leser des biblischen Berichts, die den Fortgang der Geschichte überschauen, wissen, dass

Chananjas selbstsicheres Wort ein Trugwort war, sich Jeremias bestrittenes Wort aber erfüllte.

Der wahre Prophet – ein Verlierer?!

Zurück zur biblischen Szene: Wie reagiert Chananja auf den Einwand, dass die früheren Propheten in der Regel Schuld und Unrecht aufgedeckt und Gericht angekündigt haben? Er fühlt sich noch sicherer als zuvor. In einer spektakulären Aktion packt Chananja das Joch, das Jeremia auf dem Rücken trägt, und zerbricht es vor den Augen aller mit demonstrativer Kraft. Dazu sagt er: *So spricht der Herr: Genauso will ich zerbrechen das Joch Nebukadnezars, ehe zwei Jahre vergangen sind.*

Und dann schließt der biblische Bericht ergreifend mit den Worten: *Und der Prophet Jeremia ging seines Weges.* Wie ein geprügelter Hund verlässt Jeremia die Szene. Sieht so der wahre Prophet aus? Wie ein Geschlagener, wie ein Besiegter und Verlierer?

Es gibt ein wegweisendes Wort des jüdischen Philosophen Martin Buber über Erfolg und Misserfolg, Sieg und Niederlage, das er 1932 unmittelbar vor der Machtübernahme durch die Nationalsozialisten schrieb:

„Die Geschichte hat uns viel zu lehren; aber man muss verstehen, sich von ihr belehren zu lassen. Die Momentserfolge, auf die man hinzuschauen pflegt, sind nur die Kulissen der Weltgeschichte; die echten Siege, die in der Verborgenheit erfochten werden, sehen für den Vordergrundsblick mitunter wie Niederlagen aus. Die echten Siege geschehen langsam und unmerklich, aber sie wirken weithin. Vor den Kulissen nimmt sich unser Glaube, dass Gott der Herr der Geschichte ist, zuzeiten lächerlich aus; aber es gibt eine Heimlichkeit der Geschichte, die unseren Glauben bestätigt."

Nicht Bescheid wissen, sondern neu hören

Aber warum heißt es vom Propheten Jeremia, *dass er seines Weges ging*? Warum überlässt er Chananja das Feld, der einen Momentserfolg erstritten hat, gerade jetzt, wo es darauf ankäme, ihm die Stirn zu bieten und keinen Zoll preiszugeben? Warum geht Jeremia? Er geht, um neu auf Gott zu hören. Er muss warten, in der Stille warten, bis sich Gottes Wort wieder einstellt. Buber: „Er geht, weil er, trotz allem, nicht Bescheid weiß … Er geht, um auf Gottes Wort zu horchen." Mit anderen Worten: Der falsche Prophet weiß immer Bescheid, zu jeder Stunde. Ihn plagen keine Zweifel und Skrupel. Er hat immer etwas zu sagen, von sich aus; und ist überaus eloquent. „Chananja weiß Bescheid. Er weiß die Wahrheit nicht, *weil* er Bescheid weiß", sagt Buber. Demgegenüber verfügt der wahre Prophet nie über einen permanenten Wortbesitz und ist fern von aller Sicherheit, die ihre Kraft aus sich selber schöpft. Das

Wissen um sein Nichtwissen zeichnet ihn aus. Von dem lebendigen Gott gepackt, kann er ohne ihn nichts tun.

Keine Zeit gleicht der anderen

Man hat Chananja mit Recht eine Karikatur, ja einen Papagei Jesajas genannt. Warum? Nun – hundertdreißig Jahre zuvor hatte der Prophet Jesaja dies als Gottes Willen verkündigt, Assurs Joch vom Halse Judas weg zu zerbrechen. (Jesaja 10,27; 2.Chronik 32,17-23) Daraus schließt Chananja, Gott habe versprochen, das Joch Babels zu zerbrechen; denn die Lage sei doch die gleiche. Aber die Lage ist nicht die gleiche. Darin liegt Chananjas fataler Irrtum. Er analogisiert, er wiederholt eben nur. Er weiß Bescheid, aber hört nicht neu! Geschichte aber „geschieht". Gottes Wille ist weder ein Programm noch ein Prinzip. Das bedeutet: Keine Zeit gleicht der anderen.

Bedenklich erscheint vor diesem biblischen Hintergrund, wenn Politiker heute die Jetztzeit mit zum Beispiel der Weimarer Zeit oder der Zeit der Nationalsozialisten analog setzt. Eine immer wieder geübte politische Praxis, die aus einem vermeintlichen Bescheidwissen herrührt und meist nur dazu dient, Vergangenes für gegenwärtige, eigene politische Zwecke zu instrumentalisieren. Das Analogisieren mit der Vergangenheit hat weltweit Konjunktur. Denken wir an die amerikanischen Äußerungen vor und während des Irakkrieges, dass es sich mit dem Irak nach dem Krieg wie mit Deutschland nach 1945 verhalte, wo man ja auch die Demokratie eingeführt habe. Sind es nicht auch hier Bescheidwissen und Selbstsicherheit, die den Menschen verhängnisvoll in die Irre leiten und zu Fehleinschätzungen führen?! Der Chananja der Geschichte hat viele Gesichter und Varianten.

Das Gottesbild

Im Hintergrund der Auseinandersetzung zwischen dem wahren und dem falschen Propheten steht ein unterschiedliches, ja gegensätzliches *Gottesbild.* Für Chananja ist Gott so etwas wie eine prinzipientreue höhere Instanz, die sich durch das an Jesaja gegebene Versprechen festgelegt hat. Die Jesaja gegebene Zusage, Gott wolle die Stadt Jerusalem schützen, lässt Chananja – obwohl in einer ganz anderen geschichtlichen Situation – darauf schließen, Gott wolle auch jetzt wieder an diesem Ort einen wahren Frieden geben. Für den falschen Propheten ist Gott auszurechnen, als könnte man über ihn verfügen, als ließe er sich auf sein vergangenes Tun festlegen.

Demgegenüber ist für Jeremia Gott der freie, unverfügbare, souveräne Gott. Seine Stimme ist leise. Sie geht leicht unter im Lärm und Geschwätz des Tages und ist leicht zu überhören im globalisierten Informations- und Wissenstaumel der Zeit, in der wir leben. Die Chananjas, die so selbstsicher daherkommen und immer Bescheid wissen, übertönen alles. Sie wollen den lebendigen Gott für ihre eigenen Interessen, Wünsche und Absichten vereinnahmen. Wo aber Menschen Gott für ihre eigenen Zwecke und Ziele gebrauchen, da bleibt sein Wort, die Stimme leisen Schweigens, stumm. Nötig ist ein dynamisches Gottesbild, eines, das der Freiheit und Souveränität Gottes Rechnung trägt. Nötig ist, neu hören zu lernen und der Gottesfrage in neuer Tiefe zu begegnen.

Realpolitiker contra Illusionspolitiker

Nach einer Wartezeit, heißt es, hört Jeremia erneut ein Gotteswort; ein Wort, das Chananja direkt gilt:

> *So spricht der Herr: Du hast das hölzerne Joch zerbrochen, aber ich mache stattdessen ein eisernes Joch. Alle diese Völker werden von Nebukadnezar unterworfen. Du aber höre, Chananja! Der Herr hat dich nicht gesandt. Du gibst das Volk dem Betruge preis. Ich nehme dich weg vom Erdboden. Noch dieses Jahr wirst du sterben. Denn du hast dieses Volk vom Herrn abgewendet.*

Und dann schließt der Bericht ganz nüchtern:

Und der Prophet Chananja starb im selben Jahr im siebenten Monat. (Jeremia 28,13-17)

Mehr steht nicht da. Das ist alles. So endet die Auseinandersetzung zwischen Jeremia und Chananja, zwischen wahrem und falschem Propheten, mit dem Tod Chananjas noch im selben Jahr.

Wir müssen uns verdeutlichen, was das Gotteswort eigentlich bedeutet, das über Jeremia gekommen und zu verkündigen ihm aufgetragen ist. Noch hofft alles auf eine positive Wende. Noch glaubt man in der Stadt, dem Joch Nebukadnezars entkommen zu können. Noch scheint es die politische Stunde des Chananja zu sein, der sich für einen aufrichtigen Patrioten hält. Seiner Überzeugung nach fehlt es Jeremia an Vaterlandsliebe. Denn wie könnte er sonst seinem Volk zumuten, den Hals unter das Joch des babylonischen Tyrannen zu legen?! Um Chananja zu verstehen, muss man sich vor Augen halten, was Jeremia dem Volk und den politisch Verantwortlichen zumutet:

Man solle sich Babylon unterwerfen, erklärt Jeremia, um seine Haut zu retten, um die Stadt Jerusalem nicht zur Wüstenei werden zu lassen. (Jeremia 27,17) Riecht das nicht nach Verrat, gleichsam nach Zersetzung der eigenen Wehrkraft? Ist das nicht schon Feigheit vor dem Feind und Unterdrücker Nebukadnezar? Kommt, was Jeremia verkündet, nicht praktisch einer Empfehlung gleich, zum Feind überzulaufen? Ja, soll man denn seine Chance, und wäre sie nur hauchdünn, nicht nutzen, um das babylonische Joch abzuwerfen, um Freiheit zu erlangen? Wer in aller Welt soll das verstehen und begreifen, Jeremia, was du als Gotteswort verkündest?!

Der wahre Prophet – ein Verräter? (Rabbi Jochanan-ben-Sakai)

In den Augen seiner Zeitgenossen war Jeremia ein Verräter. Wie den Propheten Jeremia hat man Jahrhunderte später auch Rabbi Jochanan-ben-Sakai im ersten jüdischen Krieg (70–74 n. Chr.) angesehen. Er war Vizepräsident des Sanhedrins, des Obersten Gerichts in Jerusalem, der höchsten gesetzgebenden und politischen Instanz, die aus 71 Mitgliedern bestand und als geistliche Autorität auch von den Römern anerkannt wurde. Dieser Gelehrte hatte alles getan, um die Aufstände und den Krieg gegen die Römer zu verhindern. Als er sich dann im belagerten Jerusalem vergebens bemüht hatte, die militärischen und politischen Führer zu einem Kompromissfrieden zu bewegen, und die Lage hoffnungslos und die Niederlage so unvermeidlich wurde wie der Tod, da führte der Rabbi einen Plan aus, der den Verteidigern Jerusalems als Verrat erscheinen musste:

> Er ließ sich von seinen Jüngern in einem Sarg aus der Festung heraustragen und von römischen Soldaten zu ihrem Führer bringen, der sehr genau wusste, wen er vor sich hatte. Der Rabbi erhielt von ihm freies Geleit bis nach Javne, der kleinen Hafenstadt südlich von Jaffa, nachdem er sich verpflichtet hatte, sich dort mit seinen Schülern ausschließlich dem Studium und der Lehre zu widmen.

Was nach Verrat aussah, erwies sich realpolitisch als weitsichtig, ja lebensrettend für das jüdische Volk in der Diaspora und Völkerwüste. Der Schriftsteller Manès Sperber erklärt, dass Jochanan-ben-Sakai dies tat, „um die Juden zu lehren, ohne Tempel, ohne Priester und ohne Schlachtopfer, ja, ohne ein eigenes Land und einen eigenen Staat zu leben".

Die Signatur des Leidens

Wir ahnen, was es für den wahren Propheten bedeutet, praktisch gegen den Zeitgeist und Strom der öffentlichen Meinung zu schwimmen. Wer das Wort des lebendigen Gottes empfangen hat und daran festhält, steht nicht nur verlassen und einsam da, nein, sein Dasein trägt die Signatur des Leidens.

Jeremia sollte es erfahren. Aufgrund seiner Worte wird er bald darauf in den Kerker, in die Tiefe einer Zisterne geworfen. Mehr als einmal ist er dem Tode nahe. Kein anderer hat so unter seinem Prophetenamt gelitten wie Jeremia. Wie gern wäre er ausgestiegen, um ein normales Leben zu führen wie die anderen. Aber er hat keine Wahl. Gottes Wort brannte wie Feuer auf seiner Seele und verbrannte alles, was dem Wort nicht standhielt. Jeremia musste tun, wozu Gott ihn beauftragt hat. Der Mann aus Anatot weiß das. Und er weiß in der Auseinandersetzung mit Chananja, dass es seinem prophetischen Widersacher im Grunde nur gelingt, eine Illusion aufrechtzuerhalten, eine Illusion, die in Kürze zusammenbrechen wird – mit den verheerenden Folgen für Jerusalem, das von Nebukadnezar zerstört wird, und für das Volk Israel, das in die Verbannung muss.

Der wahre Prophet weiß das nicht von sich aus. Er kennt die Wahrheit aus dem neu gehörten Wort des lebendigen Gottes. Buber bringt es auf diese Worte: „Die wahren Propheten sind die eigentlichen *Realpolitiker*. Die falschen Propheten, die *Illusionspolitiker*, reißen mit der Macht ihres Wunsches einen Fetzen aus der geschichtlichen Wirklichkeit und weben ihn in ihre bunte Illusion ein."

Die Abhängigkeit vom Hörer

Ein weiteres Merkmal der Unterscheidung zwischen wahren und falschen Propheten finden wir bei Micha von Moreschet, der im 7. Jh. v. Chr. in Juda gewirkt hat. Er sagt über *die Propheten, die mein Volk irreführen:*

> *Wenn sie mit den Zähnen zu beißen bekommen, rufen sie Heil. Wenn aber einer ihnen nicht gibt, was sie wünschen, dann fangen sie mit ihm Streit an.*

Luther übersetzt es drastisch:

> *So spricht der Herr wider die Propheten, die mein Volk verführen, die da predigen, es werde gut gehen, wenn man ihnen zu fressen gibt; wer ihnen aber nichts ins Maul gibt, dem predigen sie, es werde Krieg kommen.* (Micha 3,5)

Jetzt wird der falsche Prophet am Verhältnis zu seinen Hörern erkannt. Er macht sich und seine Botschaft abhängig vom Wohlwollen der ihm anvertrauten Menschen. Sein Wort ist nicht vom erkennbaren Willen Gottes bestimmt, sondern von dem Gewinn, den er bei den Leuten erzielt oder nicht erzielt. Der falsche Prophet redet wörtlich „al pihäm / auf ihren Mund hin", auf ihr Sagen, Wünschen und Befehlen hin, wenn er so mit Erfolg seinen Mund (Bauch) gefüllt bekommt. Dieses „den Leuten nach dem Mund reden" ist sprichwörtlich geworden, auch in dem Wortlaut „Wes Brot ich ess', des Lied ich sing."

Die „falschen Propheten" richten sich bei der Wahl ihrer Texte und Themen nach den Personen, Mächten oder Kräften, von denen sie einen Nutzen haben oder sich irgendwelche Vorteile, Gewinne oder Erfolge versprechen. Man muss sich einmal klar machen, wie weit das, was Micha den falschen Propheten vorwirft, heute reicht – in Kirche und Gesellschaft, lokal und global. Denn das Reden und Handeln, das nur mehr von Eigeninteressen geleitet wird, nicht von „Gemeinwohl", sondern von „mein Wohl", hat Weggefährten. Die heißen Opportunismus, Populismus und Lobbyismus – an deren Ende die Korruption steht.

Der Götze „Erfolg"

Eine Anpassung des Redens und Handelns an die Eigeninteressen kommt in der Regel nie direkt und ungetarnt daher. Etikettenschwindel ist an der Tagesordnung. Was tut und verspricht man nicht alles (zum Beispiel vor Wahlen), um Erfolg zu haben. Erfolg um jeden Preis – für Stimmengewinn, für Anerkennung in der Öffentlichkeit, für Macht und Einfluss, für Öl, Gas oder Einschaltquoten. Und es stimmt ja (leider!), dass nichts so erfolgreich ist wie der Erfolg. Seine Majestät und Gottheit „Erfolg" erfreut sich uneingeschränkter

Beliebtheit. Martin Buber kennzeichnet die falschen Propheten so:

> Sie „sind nicht gottlos. Sie beten den Gott ‚Erfolg' an. Sie bedürfen selber immerzu des Erfolgs und erlangen ihn, indem sie ihn dem Volk verheißen; aber sie sind auch ehrlich um den Erfolg für das Volk beflissen. Die Sucht nach dem Erfolg beherrscht ihre Herzen und bestimmt, was daraus aufsteigt; das ist's, was Jeremia ‚den Trug ihrer Herzen' nennt; sie trügen nicht, sie werden getrogen und können in keiner anderen Luft atmen als in der dieses Trugs."

Demgegenüber wird von den wahren Propheten der „kleine aufgeblasene Götze Erfolg" durchschaut, sagt Buber und erklärt: „Sie wissen, dass zehn Erfolge, die nichts als Erfolge sind, eine Niederlage ergeben können, hingegen zehn Misserfolge, wenn der Geist sich in ihnen bewährt, einen Sieg."

Der Pfarrer, der es den Leuten recht macht

Vielleicht ist die kirchliche Variante noch gefährlicher als die politische. Gefährlicher deshalb, weil sie versteckter noch, verdeckter und unauffälliger wirkt (wie auch die fromme Lüge noch gefährlicher ist als die Lüge). Die kirchliche Variante ist der „Pfarrer, der es den Leuten recht macht". So hat der Schweizer Theologe Karl Barth 1916 in einer Predigt einmal den „falschen Propheten" apostrophiert –

> als jemanden, „der seinen eigenen menschlichen Gedanken folgt, innerlich ein ruhiger, bequemer und sicherer Mann bleibt, gewandt allen Anstoß vermeidet und wenig von Gott hofft und erwartet. Er zieht sich immer gerade dann zurück, wenn es darauf ankäme, hervorzutreten. Er lässt sich nennen einen Prediger des Evangeliums, einen Seelsorger, einen Diener Gottes, aber er ist ja doch nur ein Angestellter der Menschen. Er träumt davon, er rede im Namen Gottes; aber er redet ja doch nur im Namen der Kirche, im Namen der öffentlichen Meinung, im Namen der ‚anständigen Leute', im Namen seiner eigenen kleinen Person …"

Falsche Propheten beschwichtigen. Festverschönerungsredner sind sie und erliegen der Gefallsucht. *Wenn ich ein Irrgeist wäre und ein Lügenprediger und predigte, wie sie saufen und schwelgen sollen – das wäre ein Prediger für dies Volk*, heißt es beim Propheten Micha. (Micha 2,11) Sein Urteil über religiöse Vertreter, die ihre Botschaft und damit auch ihr Tun vom Wohlwollen ihrer Hörer abhängig machen, weil sie sich Vorteile und Erfolg versprechen, ist vernichtend: *Nacht wird es für euch, ohne Schauung – Finsternis ohne Wahr-*

sagung. Es gibt keine Antwort mehr für sie; es wird für sie kein Gotteswort mehr dasein. (Micha 3,6f)

Dies aber, dass Gott tatsächlich einmal ganz verstummen und für die Menschen kein Wort mehr haben könnte, so sehr sie auch danach fragen und suchen, ist eine erschreckende Aussicht und Vision, mit der durchaus zu rechnen ist. Jedenfalls spricht der Prophet Amos einmal davon mit diesen Worten:

> *Siehe, es kommt die Zeit, spricht Gott der Herr, dass ich einen Hunger ins Land schicken werde, nicht einen Hunger nach Brot oder Durst nach Wasser, sondern nach dem Wort, es zu hören, dass sie hin und her von einem Meer zum andern, von Norden nach Osten laufen und des Herrn Wort suchen und doch nicht finden werden.* (Amos 8,11-12)

Die stellvertretende Fürbitte

Noch ein letztes Kriterium sei genannt: Der wahre Prophet ist ein Mahner, ein Warner und Wächter für das Volk. Der Prophet Ezechiel zum Beispiel wird ausdrücklich zum Wächter für das Haus Israel bestellt. Ihm oblag nicht nur, das empfangene Wort Gottes weiterzusagen. Er sollte nach Empfang einer Unheilsbotschaft wie ein Späher auf der Stadtmauer, wenn Gefahr droht, die Bewohner warnen. Was es aber bedeutet, ein Mahner, Warner und Wächter zu sein, hat Ezechiel in einer Auseinandersetzung mit falschen Propheten klar ausgesprochen. Er wirft ihnen vor, dass sie in der Zeit der großen Bedrohung durch Gott *nicht in die Bresche getreten* sind und *sich nicht zur Mauer um das Haus Israel gemacht* haben. (Ezechiel 13,5)

Eben dies gehört zum Eigentlichen des prophetischen Dienstes: Sich an vorderster Stelle Gott auszusetzen, um mit seinem Leben das Volk zu decken. Mag ein Volk noch so schuldig geworden sein – der Prophet, der wirklich von Gott gesandt ist, muss und wird an seiner Seite stehen.

Als der eigentliche Realpolitiker entlarvt er das Verhalten seiner Zeitgenossen, indem er die versteckten Antriebe und Absichten ihres Handelns aufdeckt. Aber er weiß bei alledem, an wessen Seite er gehört, wo sein Platz ist. Der ist nicht etwa bei Gott, dessen Mund er sein muss, dessen Willen und Gericht er ankündigen soll. Nein, sein Platz ist an der Seite des schuldiggewordenen Volkes. Sein Standort ist immer unten, da, wo Menschen in Schuld und Sünde gefallen sind. Gott braucht und will keinen Anwalt oder Fürsprecher, wohl aber der Mensch, der schuldig geworden ist, wohl aber das Volk, das sich von Gott und seinem Wort entfernt hat.

So hat es schon Abraham gehalten, als er vor Gott für die Städte Sodom und Gomorra in die Bresche sprang. (1.Mose 18) Und auch Mose, als er sich vor Gott fürbittend zu dem abgefallenen Volk stellt, das sich ein Götzenbild gemacht und es angebetet hat, und sprach: *Vergib ihnen doch ihre Sünde, wenn nicht, dann tilge mich aus deinem Buch, das du geschrieben hast.* (2.Mose 32) Es ist diese stellvertretende Fürbitte, die Stellvertretung im prophetischen Amt, die präfigurativ hinweist auf Jesus Christus, der nach neutestamentlichem Verständnis *als Lamm/Knecht Gottes der Welt Sünde trägt.* (Johannes 1,29)

Die Sünde der Überlegenheit

Es gibt nicht nur Sünde und Schuld aus Feigheit, aus Mangel an Mut und Zivilcourage. Es gibt auch eine Sünde aus Überlegenheit, aus Stärke und Bescheidwissen. Also eine Schuld, die darin besteht, sich im Besitz der Wahrheit zu wähnen und sich zum Fürsprecher und Anwalt Gottes macht.

Das klassische Beispiel sind die Freunde Hiobs. Sie sind ja nicht deshalb „leidige Tröster", weil sie Verkehrtes sagen. Das tun sie ja gar nicht. Im Gegenteil, sie sagen viel Richtiges. Nein, was Hiob und die Freunde trennt, ist dies, dass sie sich an verschiedenen Orten befinden. Der Ort, den die Freunde Hiob gegenüber einnehmen, ist der Standpunkt Gottes. Aber eben da gehören sie absolut nicht hin. Sie gehören an die Seite

Hiobs, an die Seite des Mannes, der im Aschehaufen seiner Leiden fern von Gott zu sitzen meint. Wirkliche Tröster wären sie gewesen, wenn sie sich vor Gott zu seinem Anwalt gemacht und vor ihn gestellt hätten, um ihn vor den Attacken Gottes in Schutz zu nehmen.

Also gerade da, wo wir Mahner, Warner und Wächter für Menschen in und außerhalb der Kirche sind, kann und wird unser Ort immer nur unten sein. In Augsburg, so wird erzählt, habe es einen Richter gegeben, der in seinem Berufsleben Schwerverbrecher abzuurteilen hatte. In seinem Testament fand man folgenden Vermerk: Er wolle einmal sein Grab an der Seite dieser Verbrecher und Verurteilten haben. Als Zeichen – auch eine Weise unten an der Seite der Sünder und Schuldbeladenen zu stehen.

Der Gerechte von Sodom

Was es praktisch bedeuten kann, ganz „unten“ zu stehen an der Seite der Schuldbeladenen, verdeutlicht der Schriftsteller Elie Wiesel mit dieser Geschichte:

> „Einer der gerechten Männer kam nach Sodom, entschlossen, seine Einwohner vor Sünde und Strafe zu retten. Tag und Nacht wanderte er durch die Straßen und Märkte und protestierte gegen Habgier und Diebstahl, Falschheit und Gleichgültigkeit. Zu Beginn hörten ihm die Leute zu und lachten iro-

nisch. Dann ließen sie es sein, und er amüsierte sie nicht einmal mehr. Die Mörder mordeten weiter, die Weisen schwiegen, als wenn kein gerechter Mann in ihrer Mitte weilte.
Eines Tages trat ein Kind an ihn heran, gerührt von Mitleid mit diesem erfolglosen Lehrer, und sagte: „Armer, fremder Mann, du schreist dich heiser. Siehst du denn nicht, dass es hoffnungslos ist?"
„Freilich sehe ich es", antwortete der Gerechte.
„Weshalb machst du dann weiter?"
„Ich will es dir sagen. Zu Beginn dachte ich, ich würde die Menschen ändern können. Heute weiß ich, dass ich es nicht vermag. Wenn ich heute immer noch schreie, so geschieht es, weil ich verhindern will, dass sie mich zuletzt ändern."

Der Heilige Geist und das „charisma propheticon"

Das Feuer der alttestamentlichen Prophetie ist erloschen. Aber ihr Funke, der Funke des biblischen Wortes, ist uns geblieben. Im Hören auf den Propheten Jeremia haben wir Kriterien und Maßstäbe in den Blick genommen, die über wahre und falsche Propheten entscheiden. Dabei haben wir entdeckt, dass wir heute nicht einfach sagen können: Sieh hier – die wahren, und sieh dort – die falschen Propheten. Denn was wahre und was falsche Prophetie ist, geht mitten durch uns hindurch. Die Unterscheidung der Geister fängt immer bei uns (in uns) selbst an. Es muss uns beunruhigen, wenn Jesus zum Volk sagt: *Das Aussehen der Erde und des Himmels könnt ihr prüfen und darüber urteilen. Wie prüft ihr aber diese Zeit nicht?* (Lukas 12,56)

Die Ausgießung von Gottes Geist über alles Fleisch

Was also ist es mit dem Prüfen der Zeit? Wie kommt es dazu? Damit sich am Funken des biblischen Wortes neues Leben entzündet, braucht es über die Orientierung schenkenden Kriterien und Maßstäbe hinaus den Heiligen Geist, die Gabe des Heiligen Geistes. Es braucht *Geistesgegenwart.*

> *Es wird geschehen, spricht Gott (im Munde des Propheten Joel), dass ich meinen Geist ausgieße über alles Fleisch; und eure Söhne und Töchter werden träumen, eure Jünglinge werden Visionen haben.* (Joel 3,1)

Die messianische Auslegung der hebräischen Bibel sieht diese prophetische Verheißung als erfüllt an. Denken wir an die Pfingstgeschichte, wo von einem Brausen vom Himmel und von Feuerzungen die Rede ist und der Geist Gottes über die Völker kommt, dass sie anfangen, in allen Sprachen zu predigen. (Apostelgeschichte 2) Und der Apostel Paulus spricht vom „charisma propheticon“ – für ihn die wichtigste und erstrebenswerteste aller Geistesgaben. (1.Korinther 14,1) Die Gabe des Heiligen Geistes ist nach neutestamentlichem Zeugnis fraglos das wichtigste Element, um den Zeitgeistern auf den Zahn zu fühlen und die Spreu vom Weizen zu trennen. Und der Heilige Geist ist die Kraft, um die modernen Verführer und Mächte zu demaskieren und zu entlarven und zwischen wahren und falschen Propheten heute zu unterscheiden.

„Sie kündeten einher"

In der Tora heißt es: *Als der Geist sich auf die siebzig Ältesten legte, da gerieten sie in Verzückung.* (4.Mose 11,25) Von „Verzückung“ ist auch in der Pfingstgeschichte die Rede. Für Außenstehende wirkt das immer so, als wären die Geist-Begabten *voll süßen Weines.* Aber mit einem rauschhaften Vergnügen (vielleicht noch mit anschließendem religiösem Kater) hat „Verzückung“ nichts zu tun. Was gemeint ist, wird am hebräischen Wortlaut deutlich, den Buber so übersetzt:

> *Es geschah, wie über ihnen der Geistbraus ruhte, kündeten sie einher.*

Das bedeutet: Wo der Heilige Geist ist und weht, da hört ein Mensch auf, sein eigener Mund zu sein und fängt an, Gottes Mund zu werden. Er empfängt sozusagen die Gabe des prophetischen Redens, die ihn Gottes Taten verkündigen und immer neu nach Gottes Willen fragen lässt: Was willst du, Herr, dass wir tun sollen? Was ist hier und jetzt Gottes Wille?

Was wir heute brauchen, ist Mut zur Prophetie. Lassen wir uns von Luther ermutigen, der sagt: „Wir sind durch Christus alle Propheten, denn wir können alle sagen, was zur Seligkeit und Gottes Ehre und christlichem Leben gehört."

Pfingstlicher dürfte es in der Kirche zugehen, wenn Prophetie eine Gabe und Aufgabe der ganzen Gemeinde ist. Und natürlich können wir Christus und das Wort der biblischen Propheten reichlich bei uns wohnen lassen, dass wir sie neu hören, abklopfen und danach fragen, wie ihr Wort heute getan und verwirklicht werden kann. Der Mut zur Prophetie, der sich auch in der Freiheit der Auslegung erweist, und das Tun des Wortes Gottes bis hin zu dem Bemühen, wahre und falsche Propheten zu unterscheiden – alles steht unter dieser Zusage des Apostels: *Umso fester haben wir das prophetische Wort, und ihr tut gut daran, dass ihr darauf achtet als auf ein Licht, das da scheint an einem dunklen Ort – bis der Tag anbricht und der Morgenstern aufgeht in euren Herzen.* (2.Petrus 1,19)

Das Geheimnis von Liebe und Tod

Johannes der Täufer und Salome

Salome

War das zwischen Salome, Tochter der Herodias, und Johannes, den sie den „Täufer" nannten, eine Liebesgeschichte? Darauf würde der Erzähler und Dramatiker Oscar Wilde sofort antworten: Aber ja, natürlich. Doch was heißt hier Liebesgeschichte?! Eine Tragödie spielt sich hier ab, eine wahrhaft tragische Liebesgeschichte. In seinem Einakter „Salome", 1891 geschrieben, entwickelt und erzählt Oscar Wilde psychologisch feinsinnig seine Version einer Liebesbeziehung zwischen Salome und Jochanaan:

> Die judäische Prinzessin Salome fühlt sich abgestoßen von dem lüsternen König Herodes Antipas und seinen Gästen, die mit ihm an seiner Geburtstagstafel sitzen. Sie sucht die Kühle der Nachtluft und ergeht sich in Betrachtungen des Mondes, der ihr als

Sinnbild keuscher Schönheit erscheint. Da plötzlich hört sie die Stimme des Propheten Jochanaan aus der Zisterne, aus der Tiefe des Gefängnisses, der das Kommen des Messias verkündet. Salome ist fasziniert und fragt, wer das sei. Sie schafft es, gegen das Verbot des Königs diesen Mann zu sehen, erliegt dem Charisma des Gefangenen, seiner Ausstrahlung und entbrennt in leidenschaftlicher Liebe zu ihm. Ihre hymnischen Lobgesänge auf Jochanaan werden aber von diesem brüsk zurückgewiesen. Doch sooft das geschieht, jedes Mal verwandelt sich ihr daraufhin entbrennender Hass in ein noch stärkeres Verlangen und Begehren, das schließlich in ein besessenes Kussverlangen mündet. So nimmt das tragische Geschick, in dem das alte Motiv der verschmähten Liebe thematisiert wird, seinen Lauf.

Als im November 1902 in Berlin, von Max Reinhardt im „Kleinen Theater" inszeniert, der Einakter „Salome" aufgeführt wird, ist unter den Zuschauern ein junger Komponist, Richard Strauß, der Erste Hofkapellmeister an der Berliner Oper. Er ist begeistert von dem Stück, das die tragische Geschichte von Salome und Johannes dem Täufer erzählt. Als nach der Vorstellung jemand meint: „Strauss, das wäre doch ein Opernstoff für Sie", erwidert der, längst überzeugt, dass das Stück „nach

Musik schrie“, er sei bereits beim Komponieren. Am 21. Juni 1905 hat Richard Strauß seine Partitur der Oper „Salome“ vollendet. Noch im Dezember desselben Jahres wird sie an der Dresdener Hofoper mit großem Erfolg uraufgeführt.

Johannes der Täufer

In der Bibel erfahren wir nichts von einer Liebesbeziehung der Salome zu Johannes dem Täufer. Auch der jüdische Geschichtsschreiber Flavius Josephus erzählt nur, dass Herodes den Täufer hinrichten ließ, „obwohl er ein rechtschaffener Mann war“. Das ist alles. Dennoch – weder Oscar Wildes Einakter „Salome“ noch die gleichnamige Oper von Richard Strauß wie überhaupt die höchst eindrückliche Wirkungsgeschichte wäre ohne den biblischen Bericht von der Gefangenschaft des Täufers, dem Hass der Herodias auf den Propheten, dem Tanz der Salome und der Enthauptung des Täufers nicht möglich gewesen. Es war dieser knappe Bericht in den Evangelien, der die Phantasie von Künstlern und Dichtern immer wieder inspiriert und angeregt hat, ihn auszumalen und weiterzuerzählen.

Wer war dieser Johannes mit dem Beinamen „der Täufer“, dessen im Kirchenjahr am 24. Juni gedacht wird? Was erfahren wir nach biblischem Zeugnis über sein Wirken und sein Geschick?

Ein Fluss in der Wüste

Er trug ein Gewand aus Kamelhaaren und hatte einen ledernen Gürtel um seine Lenden. Seine Speise waren Heuschrecken und wilder Honig. Die Wüste war sein Zuhause. Unbekannt ist sein Geburtsort. Aber dies gilt als gesichert: Er war ein *Rufer in der Wüste.* Er verstand sich selbst so, wie es im Buch des Propheten Jesaja geschrieben steht: *Ich bin die Stimme eines Rufers, eines Predigers in der Wüste.* (Jesaja 40,3) Johannes rief das Volk in die judäische Wüste an den Jordan nördlich des Toten Meeres und taufte dort mit Wasser. Der Ort seines Wirkens ist selbst von Bedeutung: ein *Fluss in der Wüste.*

Tiefer als jede andere Landschaft greift die Wüste ein in die Seele des Menschen. Sie hat die Kraft zu verwandeln. „Wüste" heißt, loslassen können, das Leben vereinfachen, nur leichtes Gepäck. Die Wüste erschließt uns einen weiten Blick. Sie lässt uns *aufbrechen* – ganz wörtlich, indem sie Verkrustetes, Verhärtetes aufbricht. Die Weisen sagen: Ein Mensch solle sich der Wüste gleich machen, demütig sein und empfänglich für die Führung von oben.

Und der *Jordan*? Arabisch wird er „die große Tränke" genannt. Wörtlich übersetzt heißt er „der Fließende", der Fluss. Wasser in der Wüste bedeutet Leben. Es war allein schon die Symbolkraft des Ortes, die der Täufer ausstrahlte. Und die Menschen, die in Scharen zu ihm kamen aus dem Lärm der Städte, sie spürten das. Im Grunde war dieser Mann Gottes selbst so etwas wie ein „Fluss in der Wüste", wie ein prophetisches Strömen von oben her, das sich auf dürres Erdreich ergoss. Denn die Menschen seiner Zeit waren wie ausgedörrt, wie Schafe ohne Hirten, ohne Orientierung und Perspektive. Sie standen unter römischer Herrschaft und Besatzung und dürsteten nach Freiheit, nach Erneuerung, nach innerem und äußerem Frieden. Sie dürsteten nach dem Kommen des Messias, nach dem Gesalbten und Befreier aus dem Hause Davids. Dieser Stimme eines Rufers in der Wüste, in dem man den Vorboten des Erlösers sah, eilte der Ruf voraus, in den ausgedörrten und dürstenden Seelen das Verkrustete und Verhärtete neu zum Fließen zu bringen.

Der Ruf zur Umkehr

Johannes sah den Schaden des Volkes, sah bis auf den Grund der menschlichen Seele, wie man versklavt war an die Sünde, an jene Kraft und Macht, die den Menschen, die das Volk von Gott trennt und die macht, dass die Seelen austrocknen und dürr werden, ohne Hoffnung und Lebensperspektive sind. Dabei nahm der

Mann am Fluss in der Wüste kein Blatt vor den Mund. Er war keiner, der den Leuten sagte, was sie gern hören wollten. Er nannte die Sünden beim Namen, die ihnen die Zukunft raubten und den Himmel verschlossen. Johannes sagte, es sei höchste Zeit. Die Axt ist ja schon an die Wurzel gelegt. Gott will rechtschaffene Früchte. Kehrt um von euren verkehrten Wegen. Jeder Baum, der nicht gute Frucht bringt, wird abgehauen und ins Feuer geworfen. So rief er sie zur Umkehr (hebräisch *teschuba*). Was hier gemeint ist, mit „Buße" zu übersetzen, wäre zu wenig. Es geht nicht nur um eine Sinnesänderung, sondern um das Gehen eines Weges und darum, auf den rechten Weg zu kommen. *Teschuba* hat etwas mit *heimkehren* zu tun. Denken wir an Jesu Gleichnis vom verlorenen Sohn, der tot in seinen Sünden heimkehrt zum Vater, bei ihm Vergebung und Annahme findet und wieder lebendig wird. In der hebräischen Wortwurzel steckt auch „Sabbat", die Freude des Festes, die da ist, wo Sünde vergeben und die Zukunft gewonnen wird. Zur Umkehr gehört die *Zeichenhandlung der Taufe*: Das Untergetauchtwerden im Jordan. Wenn etwas unter Menschen wachsen soll an Vertrauen, Liebe und Hoffnung, dann braucht es Wasser, das fließt und lebendig ist, das reinigt und heilt. So kommen Menschen neu in eine heilsame Bewegung.

Vom Geschick des Propheten

Johannes ist der letzte der biblischen Propheten. Kennzeichen des wahren Propheten ist: Er sagt den Willen Gottes. Er kann nicht anders. Er ist der Wahrheit verpflichtet. Und wer der Wahrheit, die Gott ist, verpflichtet ist, der hat auch Gegner und macht sich viele Feinde – nicht unbedingt beim Volk, wohl aber bei denen, die an den Schalthebeln der Macht sitzen. Dann nämlich, wenn er es wagt, sie zu kritisieren, wenn er ohne Scheu, allein in der Furcht Gottes, ihre Sünden öffentlich ausspricht. Johannes tat das und geriet ins Fadenkreuz machtpolitischer dynastischer Interessen. Er bezahlte dafür mit dem Tod.

Wie kam es dazu? Als Johannes am Jordan taufte, war Herodes Antipas, einer der Söhne Herodes des Großen, König über Galiläa und Peräa. Verheiratet war er mit einer Tochter des Nabatäerkönigs Aretas IV. Sicher keine Liebesheirat, sondern ein politisch motivierter Schachzug, der sein Reich gegen Angriffe von dieser Seite schützen sollte. Doch Jahre später geschah es, dass sich Herodes Antipas in die Frau seines Bruders Philippus verliebte, in Herodias. Er verstieß seine erste Frau und heiratete seine Schwägerin. Dies tadelte Johannes der Täufer öffentlich: *Es ist nicht recht, dass du die Frau deines Bruders hast.* (Markus 6,18)

Wohl gibt es in der jüdischen Tradition die Schwagerehe. Sie bedeutet, dass der Mann dann verpflichtet ist, die Frau seines Bruders zu heiraten und ihm Nachkommen zu schaffen, wenn er kinderlos gestorben ist. Das aber lag hier nicht vor. Der Halbbruder des Antipas, Philippus, lebte. Und es gab eine Tochter aus erster Ehe der Herodias – die schöne Salome. Die Verbindung von Herodes Antipas und Herodias war also Ehebruch. Wenn der Täufer das öffentlich aussprach, dann hielt er dem König im Grunde nur das Wort der Tora vor: *So jemand die Frau seines Bruders nimmt, so ist das eine abscheuliche Tat. Er hat seinen Bruder geschändet.* (3.Mose 20,21)

Mit diesem ungeschminkten Spiegel der Wahrheit zog sich Johannes den Zorn und den Hass der Königsfamilie zu. Aus den Evangelien erfahren wir, dass Herodias ihm nachstellte und ihn töten wollte, es aber nicht konnte. (Markus 6,19) Denn Herodes Antipas ließ den Gottesmann wohl ergreifen und auf Machairus, der Felsenfestung, in den Kerker werfen, seinen Tod aber wollte er nicht. Vielleicht betrachtete ihn Herodes als seinen persönlichen Gefangenen. Der jüdische Historiker Josephus meint dagegen, der König habe Johannes gefürchtet, weil dieser aufgrund seines Einflusses ein potentieller Erreger eines Aufstandes sein könnte. Darum opferte er ihn seinem machtpolitischen Kalkül. Bei Josephus ist von Herodias gar nicht die Rede.

Salome und der Täufer

Das Fest des Herodes

Wie lange Johannes im Gefängnis saß, wissen wir nicht. Die Evangelien erzählen nur, dass der Tag kam, an dem es geschah – *ein gelegener Tag,* heißt es: Es war der Geburtstag des Herodes. Er lud sie alle ein, seine Großen und Obersten, die Spitzenleute Galiläas, und richtete ihnen auf der Burg Machairus eine Tafel. Ein Fest des Gaumens und der Sinne sollte es werden. Und sie kamen alle, die edlen Gäste, und gaben dem König und sich die Ehre. Tief unten im Verließ aber saß der Täufer.

Das Fest strebte dem Höhepunkt zu, als Salome, die Tochter der Herodias, Prinzessin von Judäa, eintrat. Sie zog alle Blicke auf sich. Als die Musik einsetzte, begann sie zu tanzen. Ihr Tanz bezauberte und verzauberte alle. Nein, da war keiner, der weggeschaut hätte. Nach den Gaumenfreuden war es die Augenlust, die sie entflammte, allen voran der König. Salome tanzte, und ihr Tanz *gefiel Herodes und denen, die am Tisch saßen,* heißt es beim Evangelisten Markus. (Markus 6,22)

Dann sprach der König zu dem Mädchen: *Bitte von mir, was du willst, ich will es dir geben.*“

Herodes merkte nicht, dass sein Fuß schon in der Falle steckte. Sie war nur noch nicht zugeschnappt. Sein Wort aber stand im Raum wie ein Menetekel. Und der

König schwor vor allen Gästen: *Was du von mir bittest, will ich dir geben, bis zur Hälfte meines Königreichs.*

Es klingt wie ein Märchen, wie ein Traum – aber es ist die Realität und am Ende nichts als ein banaler Schachzug in einem bösen Spiel über Leben und Tod. Salome zog sich zurück, ging zu ihrer Mutter und fragte sie: *Was soll ich bitten? Was fordern?* Herodias brauchte keine Zeit sich zu besinnen. Sie sagte:

Das Haupt Johannes des Täufers!

Die Philosophin Hannah Arendt hat das Wort von der „Banalität des Bösen" geprägt. In der Tat – wie schrecklich banal doch das Böse daherkommt. Ein Fest, ein Tanz, eine Bitte und – ein Menschenleben ist verwirkt, ein unschuldiges Leben. Aber nicht die Wahrheit. Denn die lässt sich durch Mord nicht aus der Welt schaffen.

Die Dramatik eines Satzes

Es folgt ein schreckliches Erwachen. Salome sagt vor König und Gästen nur einen einzigen Satz, aber der hat Gewicht und ist an Dramatik nicht zu überbieten:

Ich will –
dass du mir gibst –
jetzt gleich –
auf einer Schale –
das Haupt Johannes des Täufers.

Oscar Wilde erfasst die dialogische Struktur und Dramatik dieses biblischen Satzes sehr genau, wenn er Salome zunächst nur sagen lässt:

> „Ich möchte, dass sie mir gleich in einer Silberschüssel –"

Herodes unterbricht sie lachend:

> „In einer Silberschüssel – gewiss doch – in einer Silberschüssel – sie ist reizend, nicht? Was ist's, das du in einer Silberschüssel haben möchtest, o süße, schöne Salome, du, die schöner ist als alle Töchter Judäas? Was sollen sie dir in einer Silberschüssel bringen? Sag es mir! Was es auch sein mag, du sollst es erhalten. Meine Reichtümer gehören dir. Was ist es, das du haben möchtest, Salome?"

Noch schwebt der König im siebenten Himmel – bis wie ein Paukenschlag das böse Erwachen kommt. Als Salome den *Kopf Johannes des Täufers* fordert, ist Herodes wie zu Boden geworfen und vernichtet. Mehrfach unternimmt er den verzweifelten, doch vergeblichen Versuch, Salome von ihrer Entscheidung abzubringen. Sie bleibt bei ihrer Forderung.

Die mit am Tische saßen

Demgegenüber weiß das Markusevangelium nur kurz und lapidar zu berichten, dass der König sehr betrübt wurde, fügt dann aber den bemerkenswerten Satz hinzu: *Doch wegen des Eides und derer, die mit am Tisch saßen, wollte er keine Fehlbitte tun lassen.*

Ein biblischer Text ist nicht nur in dem bedeutsam, was er ausspricht. Er kann es gerade auch sein in dem, worüber er bezeichnenderweise schweigt. So hören wir wohl, dass mit Herodes viele Gäste an der Tafel saßen, erfahren aber von keinem, dass er sich über das, was geschehen ist, empört hätte oder aufgestanden und gegangen wäre. Sie sehen alle ohne Ausnahme zu und bleiben stumm. Der Schriftsteller Reinhold Schneider hat die Bedeutung dieser Randnotiz erkannt und erklärt dazu:

> „Die Schuld des Herodes und der Seinen ist offenkundig. Von der Schuld derer, die mit am Tische saßen, ist nicht die Rede. Wiegt die Schuld der Zuschauer in Wahrheit nicht viel schwerer? Wenn sich nur einer erhoben hätte und den Tyrannen die Schändlichkeit seiner Schwäche vorgeworfen hätte, wenn ihrer mehrere aufgestanden wären: Vielleicht hätten sie den Gastgeber ernüchtert. Sie hätten vielleicht die dumpfe Macht des Tanzes und des Rausches gebrochen. Und selbst wenn sie es nicht vermocht hätten, so hätten sie wenigstens ihre eigene Würde gewahrt, die von ihrer Gegenwart beim

Feste auf das empfindlichste gekränkt worden ist. Aber wie viele können sagen, dass sie an der Tafel des Herodes lagerten und den Mut hatten, aufzustehen! Wohl denen, die es am Anfang vermochten, als Salome ihren Tanz begann, eh noch Wut und Leidenschaft den Tyrannen erhitzten. Wohl denen, die aufsprangen, als der Preis des Festes: das Haupt des besten Mannes, des Vorboten Gottes, genannt wurde! Herodes tafelt ja wieder und wieder in immer wechselnder Gestalt, und wieder und wieder schmachtet der Rufer in der Wüste unter dem Festsaal im Kerker, und wieder und wieder beginnt die Verführung ihren Tanz. Aber wir stehen nicht auf. Herodes ist unter denen, die immerdar prassen an den Tafeln der Geschichte. Sind wir wirklich nie seine Tischgenossen gewesen?"

Reinhold Schneider schrieb diese Sätze 1946. Der Zeitbezug ist offensichtlich. Wie viele haben an der Tafel des Tyrannen der dreißiger und vierziger Jahre gesessen, haben sich vom Tanz und Rausch der Zeit verführen lassen und sind *nicht aufgestanden*, als die Bücherverbrennung war, als jüdische Geschäfte und Synagogen in Flammen aufgingen, jüdische Friedhöfe geschändet wurden und am Ende Juden und Andersdenkende in den Krematorien der Vernichtungslager ins Gas gehen mussten. Der Herodes der Geschichte hat viele Gesichter. Und wechselnde Gesichter haben die mit ihm Tafelnden. Wir werden uns fragen lassen müssen, ob wir wirklich nie seine Tischgenossen gewesen sind?! Der Herodes der Geschichte kann sein Werk des Bösen nie allein, immer nur mit Hilfe derer umsetzen, die mit ihm gemeinsam zu Tisch sitzen und schweigen.

Der Tod des Täufers

Der Tod des Täufers, dieses Gerechten, wird im Evangelium schnörkellos erzählt: *Der König schickte seinen Henker ins Gefängnis und befahl, das Haupt des Johannes herzubringen. Der ging hin und enthauptete ihn und trug sein Haupt herbei auf einer Schale und gab es der Salome. Und Salome gab es ihrer Mutter Herodias.* (Markus 6,27ff)

Etwas freilich hat wache Leser des biblischen Berichts wie Heinrich Heine nachdenklich, ja stutzig gemacht: Warum begnügt Herodias sich nicht einfach mit dem Tod des von ihr gehassten Menschen? Warum möchte sie sein abgeschlagenes Haupt (auch noch) auf einer Schale dargereicht bekommen?

Heine meint, hinter diesem Wunsch verberge sich in irgendeiner Gestalt Liebe, genauer: das Motiv der „verschmähten Liebe". Und so erscheint in seiner Versdichtung „Atta Troll" aus dem Jahre 1841 Herodias in einem Geisterzug mit dem Haupt Johannes des Täufers, den sie geliebt und getötet hatte. Wir erfahren, dass Herodias den Täufer liebt und begehrt. Er aber verweigert sich und erwidert ihre Liebe nicht. Nun begehrt sie das abgeschlagene Haupt des Johannes. Ja, aber wozu? Heine sagt, um es mit Inbrunst zu küssen. Als sie das geliebte Haupt auf der Schale sieht, weint sie und stirbt im Liebeswahnsinn.

Das Geheimnis von Liebe und Tod

Alle diese von Heine mit dichterischer Phantasie aus der biblischen Geschichte entwickelten und weitererzählten Motive tauchen im Einakter „Salome“ von Oscar Wilde wieder auf und damit auch in der Oper von Richard Strauß. Wir müssen nur alles über Herodias Gesagte auf ihre Tochter Salome übertragen. Die Salome von Oscar Wilde ist feinsinnig und differenziert und fernab von dämonischer Verführungskunst und nackter Wollust. Sie hat nichts gemein mit der Verruchtheit einer Mörderin. Es ist, als suche sie in Jochanaan, in dem Propheten und Mann Gottes, etwas für sich von weiterher, etwas wie reine Liebe ohne den Beigeschmack verruchter Begehrlichkeit. Jochanaan erscheint wie jemand, der wohl in dieser Welt, aber nicht von dieser Welt ist. Und es ist vielleicht die sich darin aussprechende Freiheit, die sie hintergründig ersehnt, wenn sie seine Liebe begehrt, die bei ihr keine vergeistigte, sondern eine blutvolle, leidenschaftliche Liebe ist. Im Schlussmonolog, dem Höhepunkt – Salome ist in den Anblick von Jochanaans Haupt auf der Silberschale versunken – heißt es:

Ah! Warum hast du mich nicht angesehen, Jochanaan?
Du legtest über deine Augen die Binde eines, der seinen Gott schauen wollte.
Wohl! Du hast deinen Gott gesehn, Jochanaan,
aber mich, mich, mich hast du nicht gesehn.
Hättest du mich gesehn, du hättest mich geliebt!
Ich dürste nach deiner Schönheit.
Ich hungre nach deinem Leib.
Nicht Wein noch Äpfel können mein Verlangen stillen …
Was soll ich jetzt tun, Jochanaan?
Nicht die Fluten noch die großen Wasser können dieses brünstige Begehren löschen …
Oh! Warum sahst du mich nicht an?
Hättest du mich angesehn, du hättest mich geliebt.
Ich weiß wohl, du hättest mich geliebt.
Und das Geheimnis der Liebe ist größer als das Geheimnis des Todes.“

Salome küsst den Mund Jochanaans und endet im Liebeswahnsinn. Sie meint, Jochanaan habe das Geheimnis des Todes dem Geheimnis der Liebe vorgezogen:

Lege mich wie ein Siegel auf dein Herz,
wie ein Siegel auf deinen Arm.
Denn Liebe ist stark wie der Tod
und Leidenschaft unwiderstehlich wie das Totenreich.
Ihre Glut ist feurig und eine Flamme des Herrn,
so das viele Wasser die Liebe nicht auslöschen
und Ströme sie nicht ertränken können. (Hohelied 8,6-7)

Salome erkannte, dass das Geheimnis der Liebe größer ist als das Geheimnis des Todes, und die Leidenschaft unwiderstehlich wie das Totenreich. Nur dies konnte sie nicht fassen, dass Jochanaan schon eine Liebe erfüllte und eine Leidenschaft, deren Glut so feurig war, dass auch viele Wasser sie nicht auslöschen konnten – *die Liebe zu Gott und die Leidenschaft für sein Wort und seine Wahrheit*; und dass darum in diesem Mann kein Raum mehr war für eine Liebe, wie Salome sie begehrte. Sie konnte ihn nicht in seinem Geheimnis fassen, weil sie nie wie er die Süße der Inbrunst, der Leidenschaft und Hingabe an *Gott* gefühlt hat. Sie wusste nichts von der Glut des Fastens, von der Freude der Umkehr und der Ekstase des Gebets, die zum Leben des Täufers gehörten.

Als das blutige Haupt dieses Boten der Wahrheit hereingetragen wurde, da haben weder Salome noch Herodes, weder Herodias noch die Gäste geahnt, dass dieser Tote mit noch größerer Macht sprechen würde, als es der Lebende am Fluss in der Wüste tat.

Bibeltexte in der Übersetzung von Martin Luther, revidierte Fassung von 1984

22 Der Jahwekult war „Monolatrie", vom Monotheismus wird erst seit dem babylonischen Exil (587-517) gesprochen.

26 Johann Peter Hebel, Biblische Geschichten, Manesse Verlag Zürich 1992, S. 142

27 Amphiktyonisches Recht: „Amphiktyonie" ist der unpolitische, freiwillige Zusammenschluss der zwölf Stämme zu einer Kultgemeinschaft mit zentralem Heiligtum. (Martin Metzger, Grundriss der Geschichte Israels, Neukirchener Verlag 1987, S. 45)

73ff Harold Pinter, Nobel-Vorlesung „Kunst, Wahrheit und Politik" (Typoskript ohne Seitenangabe)

86f Martin Buber, Der Jude und sein Judentum, Gesammelte Schriften und Reden, Joseph Meltzer Verlag Köln 1963, S. 347

87 Martin Buber, Falsche Propheten, in: Schriften zur Bibel, Kösel Verlag / Lambert Schneider 1964, S. 945

93 Manès Sperber, Churban oder Die unfassbare Gewissheit, Europa Verlag 1979, S. 20

94 Martin Buber, Falsche Propheten, a.a.O. S. 948

97 Martin Buber, Falsche Propheten, a.a.O. S. 948f

98 Karl Barth, Predigt über Ezechiel 13,1-16, in: Predigt im Gespräch 3, Neukirchener Verlag 1967, S. 4

102f Elie Wiesel, Vorwort zu The Testament, in: Roland Gradwohl, Bibelauslegungen aus jüdischen Quellen Band 4, Calwer Verlag Stuttgart, S. 69

107f Oscar Wilde, Salome, Insel Bücherei 247

109 Flavius Josephus, Jüdische Altertümer, fourier, S. 525

118f Reinhold Schneider, Gesammelte Werke 9, Insel Verlag S. 471-474

Verarbeitete Literatur

Martin Buber, Schriften zur Bibel (Werke Band II), Kösel Verlag /Lambert Schneider 1964

Elie Wiesel, Von Gott gepackt, Prophetische Gestalten, Herder Verlag Freiburg 1983

Hans-Joachim Kraus, Prophetie heute, Neukirchener Verlag 1986

Martin Metzger, Grundriss der Geschichte Israels, Neukirchener Verlag 1987

Gerhard von Rad, Theologie des Alten Testaments Band II, Christian Kaiser Verlag 1965

Hans Walter Wolff
- Die Stunde des Amos, Christian Kaiser Verlag 1979
- Die Hochzeit der Hure, Christian Kaiser Verlag 1979
- Prophetische Alternativen, Kaiser Traktate 1982

Der Autor

Dietrich Heyde, Jahrgang 1943, studierte Theologie und Germanistik in Göttingen und Tübingen. Vikariat in Bremen und Jerusalem. Pastor in Bremen und Vorsitzender der Bremischen Gesellschaft für christlich-jüdische Zusammenarbeit. Sieben Jahre Pastor auf Hallig Hooge. Propst im Kirchenkreis Schleswig. Gründete als Vorsitzender der Nordelbischen Bibelgesellschaften das Schleswiger Bibelzentrum der Nordkirche. Er ist Autor von Büchern und Beiträgen für Zeitschriften und Rundfunk.

Bücher von Dietrich Heyde (in Auswahl)

„Flutzeiten – Zeitfluten" – Ein Halligtagebuch zur Noahgeschichte, Breklumer Verlag 1985
„Denn Du bist meine Warft" – Halligpsalmen, Breklumer Verlag 2. Auflage 2013
„Eine Handvoll Erde im Meer" – Halliggeschichten, Wachholtz Verlag 2013
„Bilder von Himmel und Erde" – unterwegs notiert, Wachholtz Verlag 2014
„ADAM" – Ein Gespräch mit dem Engel der Wasser, Radius Verlag 2014
„Wisse, nicht du trägst die Wurzel, sondern die Wurzel trägt dich" – Essays zum interreligiösen Dialog, Radius Verlag 2015

Als Reihe (broschiert):
„Der Ball ist rund" – Kleine Philosophie des Fußballs, 2014
„dennoch" – Hiob, Kohelet und die dunkle Seite Gottes, 2016
„Wenn das Wort zu Feuer wird" – Über wahre und falsche Propheten, 2016

IMPRESSUM

Umschlag- und Gesamtgestaltung: Susanne Pertiet, Schleswig
Druck: CPI Books, Leck

ISBN 978-3-87503-194-2